神のいつくしみ

苦しみあわれむ愛

片山はるひ　高山貞美［編著］

2016年上智大学神学部
夏期神学講習会講演集

日本キリスト教団出版局

まえがき

　聖書の教えによれば、すべてのものは神の愛によって造られたと考えられています。とりわけ「神の似姿」として創造された人間は、自由と責任を有する主体であり、自然を正しく管理（統治）し、隣人を愛し、神のいのちの喜びの交わりに招かれた存在であることが示されています。

　しかしながら、現実の世界に生きるわたしたちの姿を見つめてみると、聖書が語る本来の人間像とはかなり異なっています。貧富の格差が広がる現代社会では、利己的な生き方に拍車がかかり、地球環境は荒廃の一途をたどっています。貧しい人々のことを顧みる心のゆとりなどなく、わたしたちは日々の生活に追われて生きています。

　もしもわたしたちが闇よりも光を愛しているのなら、夏のひまわりが太陽を追いかけて顔の向きを変えるように、きらきらと輝く陽光に顔を向けるはずです。ところが、いつくしみ深い神の手で造られた最初の人間でさえ、蛇の誘惑によって禁断の果実を口にした後は、心の闇にさえぎられて神に目を向けようとはしませんでした。


　その日、風の吹くころ、主なる神が園の中を歩く音が聞こえてきた。アダムと女が、主なる神の顔を避けて、園の木の間に隠れると、主なる神はアダムを呼ばれた。「どこにいるのか。」彼は答えた。「あなたの足音が園の中に聞こえたので、恐ろしくなり、隠れております。

わたしは裸ですから。」

（創世記3・8―10）

「神の顔を避けて」「隠れる」「恐ろしくなり」などの言葉から、禁断の果実を食べる前と後とでは、神に対するイメージが大きく変化したことが読み取れます。誰かに対して悪い事をしたり、相手を裏切ったりした場合、まともにその人の顔が見られず、つい隠れてしまうのは人間の持つ弱さかもしれません。

ところで、カトリック教会では、第二バチカン公会議（一九六二―六五年）の閉幕五十年目にあたる二〇一五年十二月八日より「いつくしみの特別聖年」が始まりました。教皇フランシスコは、大勅書『イエス・キリスト、父のいつくしみのみ顔』を公布し、環境・貧困・紛争・差別などの問題が山積する現代世界において、「教会は、一刻を争うほど緊急に、神のいつくしみを告げる必要性があると強く感じています」と述べています。

ちなみに、ラテン語で「あわれみ、いつくしみ」を表す「ミゼリコルディア」は、「みじめな、病んでいる」（ミゼル）と「心」（コル）からなる合成語で、みじめで病んでいる人間への神の深い思いやりを意味します。したがって、悲しみや苦しみに傷ついた心にどこまでも寄り添い、つねにいつくしみの顔を示してくださる方に、わたしたちの顔をまっすぐに向けてもう一度出会い直しましょう、というのが特別聖年の意味になります。

今回の特別聖年を記念して、二〇一六年の夏期神学講習会は、総合テーマを「いつくしみの聖年を生きるために――ゆるしとあわれみの神」といたしました。このテーマに沿った六名の講師陣の熱い思いがこめられた講演集をご一読いただければ幸いです。「あなたがたの父が憐れみ深いように、あなたがたも憐れみ深い者となりなさい」（ルカ6・36）というイエスの言葉が、わたしたちの人生を導く道標となることを願いつつ、まえがきとさせていただきます。

髙山　貞美

凡例

一、聖書の書名表記や引用は原則として『聖書 新共同訳』（日本聖書協会）に準拠したが、筆者の意向で変更する場合にはその都度付記した。

二、「特別聖年」「大勅書」「使徒的勧告」の言意は以下の通り。

「特別聖年」　教皇が発する大勅書により特別な意向のために行われる、盛式全免償を付与する年

「大勅書」　教皇の名によって出される、何らかの共通善をめざして発する荘厳な書式の書簡

「使徒的勧告」　ローマ教皇が聖職者や修道者、司教等に向けて、その霊的生活を成長させるよう励まし勇気づけるための勧告

三、本文中の〔　〕は、筆者によって補われた注や訳注を示す。

四、注は各論文の最後にまとめた。

神のいつくしみ――苦しみあわれむ愛　＊目次

装丁　桂川　潤

第Ⅰ部　聖書・神学からの照らし

旧約聖書といつくしみの神

佐久間　勤

はじめに

いつくしみの特別聖年を公布する大勅書『イエス・キリスト、父のいつくしみのみ顔』（二〇一五年）の中で、教皇フランシスコは神のいつくしみを、神と人間の結びの本質として捉え、こう記している。

聖書では、いつくしみは、わたしたちへと向けられた神の行為を指すキーワードです。神はご自分の愛を約束なさるだけではなく、それを見えるもの、触れることのできるものとなさいます。…（中略）…神のいつくしみは、わたしたちに対する神の責務なのです。神は責任を感じています。わたしたちの幸せを望み、わたしたちが幸福で、喜びと平和に満たされているのを見たいのです。キリスト者のいつくしみに満ちた愛は、その神の愛と同じ波長をもたねばなりません。（9番）

ここで教皇は、神が人間と世界に向けるいつくしみを「神の責務」という印象的な言葉で表現して、不変不動のいつくしみを強調する。また教皇は、人間も同じ波長をもって、つまり神のいつくしみに満ちた愛に共振して、同じいつくしみの愛で応えるように呼びかける。それは、教会が遂行する使命のあらゆる活動にしみ渡っているべきものである。

教会の生命を支える柱は、いつくしみです。教会の司牧行為は、すべてが優しさに包まれていなければなりません。優しさをもって信者に語りかけるのです。教会が世に向けて語るどんなメッセージにもどんなあかしにも、いつくしみが欠けていてはなりません。教会の真正さは、いつくしみと思いやりにあふれた愛の道を通るものです。（10番）

世界のすべてのものに神のいつくしみの思いがこめられているばかりでなく、そのようなものとして、人にも教会にも、神のいつくしみの証明となる使命がある……。いつくしみは、それほど我々にとって本質的な意味をもっている。いつくしみの大聖年にあたって、神のいつくしみについて思いを深め、また教皇の呼びかけに応えて生きるために、大勅書の中でも多く引用されている旧約聖書、とくに詩編に焦点を当てて、神のいつくしみがどのように表現されているかを読み取ってみよう。

1　「いつくしみ」（ヘセド）の訳語

鍵となる言葉はヘブライ語の名詞「ヘセド」である。しかしその意味の広がりは大きく、日本語に翻訳されるとき決して単一の言葉を当てはめることはできない。

口語訳『聖書』（一九五八年改訳）での翻訳例を見ると、旧約聖書中二百五十ほどの用例があるこの言葉は、たしかに「いつくしみ」と翻訳されることが多く、約百九十箇所でそう訳されている。しかしその他にも「愛」（ホセア書6・4）、「相いつくしむ」（ゼカリヤ書7・9）、「あわれみ（深い）」（列王記上20・31、歴代誌下5・13）、「神を敬う」（イザヤ書57・1）、「純情」（エレミヤ書2・2）、「真実」（サムエル記下16・17、箴言20・6、エレミヤ書31・3）、「親切」（創世記21・23、47・29、ヨシュア記2・12など七例）、「忠実」（サムエル記下22・26、形容詞と動詞それぞれ一回）、「忠誠」（サムエル記下2・5、3・8）、「忠節」（ヨナ書2・8［新共同訳9節］）、「徳行」（歴代誌下32・32、35・26）、「恵み」（創世記20・13、24・12など十七例）、「良きわざ」（ネヘミヤ記13・14）と、種々異なった訳語が当てられている。

口語訳『聖書』は逐語訳を原則としていて、原語の単語がどのように翻訳されているかを確かめることが容易である。原語に当てられる訳語は当然ながら文脈に合ったふさわしいものが選ばれるので、翻訳の例を見ると、その語のもつ意味の広がりをある程度見通すことができる。同じ「ヘセド」というヘブライ語が、ときには「いつくしみ」、ときには「恵み」、ときには「忠実」

や「徳行」というふうに、日本語では通常、直接相互に関連づけられないような、複数の言葉に置き換えられるからである。前段で挙げた訳語を見ると、「ヘセド」には、良い行いそのもの、「忠実」や「愛」などの善を望む意志あるいは善意、さらには「真実」や「神を敬う」など正義に関わる意味も含んでいることが分かる。

いつくしみと真実とのつながりは「ヘセド・ヴェ・エメト」という表現によく表れている。「いつくしみとまこと」（創世記24・49、口語訳）、「親切と誠実」（創世記47・29、口語訳）、「親切に扱い、真実をつくす」（ヨシュア記2・14）などと翻訳されているが、二つの異なる概念が併記されているというよりは、二つの語で一つの概念を著していると解釈される。そのような表現を「ヘンディアディス」（hendiadys）と呼ぶ。例えば「メロンパン」は「メロン」と「パン」という二つのものを指すのではなく一つのパンの種類を指す。同様に「いつくしみとまこと」という表現も「いつくしみ」と「まこと」が神の二つの異なる属性として分離されるのではなく、「まことのいつくしみ」、嘘偽り無く心変わりすることのないいつくしみ、つまり、善意なり愛が確固たること、信頼できること、永続的に有効であり続けることを表現するものである。例えばヤコブ（イスラエル）がヨセフに遺言するにあたってこう願う。

「どうか…（中略）…親切と誠実とをもってわたしを取り扱ってください。どうかわたしをエジプトには葬らないでください。」

（創世記47・29、口語訳）

エジプトには決して葬らないという約束を、不変の善意をもって必ず実行してほしい、という願いである。

神の示す道、つまり教えを守って生きる生き方は、必ずよい結果や報いに繋がる、という表現もある。

主のすべての道は　その契約とあかしとを守る者には
いつくしみであり、まことである。（詩編25・10、口語訳）

他方、「いつくしみ」と類語の「あわれみ」は、ヘブライ語の「ラハム」あるいは「ハナン」を語源とする関連語の訳語として用いられることが多い。ギリシャ語に翻訳された語としては、「エレエオー」（あわれむ）に対応し、「キュリエ・エレイソン」（主よ、あわれみたまえ）という章句に登場するのでよく知られている語である。

また、キリストが深く同情して示すあわれみが「スプランクニゾマイ」という特徴ある動詞で表現されていることもよく知られている。「哀れに思う」（マタイ18・27、ルカ15・20）、「あわれむ」（マルコ9・22）、「かわいそうである」（マタイ15・32、マルコ8・2）、「気の毒に思う」（ルカ10・33）、「深い同情を寄せる」（ルカ7・13）、「深くあわれむ」（マタイ9・36、14・14、20・34、マルコ1・41、

6・34）などの翻訳の例があるが、興味深いことに、旧約聖書の古代ギリシャ語訳である「七十人訳聖書」では用いられない。もっとも同じ語根の内臓を意味する名詞「スプランクナ」は「同情」（箴言12・10、知恵の書10・5）、「腹の奥」（箴言26・22）、「心」（シラ書30・7、33・5）、「内臓」（マカバイ記Ⅱ9・5、6）として七十人訳聖書にも登場するので、「スプランクニゾマイ」（深くあわれむ）という動詞は共観福音書に特徴的な語であることが分かる。

最後に、「ヘセド」の用例の分布を見てみると、詩編の書での用例が約百三十箇所と、最も多い。他方、いわゆる歴史書で約八十箇所、また預言者の書には約三十箇所の用例がある。

以上から、「いつくしみ」に最も対応する「ヘセド」に焦点を当てて、しかもこの語の用例が多い『詩編の書』から一つ、短い詩編を選んで読み、神のいつくしみが意味するものを探ることにしよう。

2　詩編36編に見る、神の「いつくしみ」

「ヘセド」の意味を探るために詩編36編を読んでみよう。もちろん、短い一編の詩から「ヘセド」の意味のすべてを尽くすことはできない。しかし、せめて一つの詩編をじっくり読み、詩編の祈り手が感じ取っている神の「ヘセド」を我々も感じることができるよう、試みることにしたい。

逐語訳を以下に掲げる。

【標題】
（1）　指揮者によって、主のしもべの、ダビデの（詩）

【第一部】　――罪に縛られた人間の現実――
（2）　邪悪な者への罪の託宣が　わたしの心の内に（ある）
（2b）　神の恐れは無い　彼の両目の前方に
（3）　なぜなら　（彼は）彼自身に向かって　彼自身の両目の中で　偽っているから
（3b）　その結果、彼の悪を見いだすこと、憎むこと（ができない）
（4）　彼の口の言葉たちは　不正　そして欺き
（4b）　（彼は）止めてしまった　賢明に振る舞うことを　そして善を行うことを
（5）　不正を（彼は）企む　彼の寝床の上で
（彼は）立つ　道の上に
良くない（ところの）

（5b）悪を　（彼は）棄てない

【第二部】　――宇宙全体を満たし神殿（楽園）で恵みを与える主のいつくしみの賛美――

［賛美（1）］
（6）　主よ
　天に　あなたのいつくしみは（ある）
（6b）あなたの真実は　雲たちまで
（7）　あなたの正義は　神の山々のよう（である）
　あなたの裁きは　おびただしい洪水（のよう）
（7b）人と獣を　（あなたは）救う

［賛美（2）］
　主よ
（8）　何と貴重なのか　あなたのいつくしみは
　神よ
（その結果）人の子たちは

（８ｂ）あなたの翼たちの陰に　（彼らは）身を隠す
（９）（彼らは）（心ゆくまで）呑む　あなたの家の脂肪から
（９ｂ）そしてあなたの喜びたち（＝エデン）の川（から）（あなたは）彼らに飲ませる
（10）なぜなら　あなたと共に（ある）生命の源泉は
（10ｂ）あなたの光の中に（わたしたちは）見る　光を

【第三部】――主に従う者たちへの保護と、不正を行う者の屈服の祈願――

［祈願（１）］
（11）継続させよ　あなたのいつくしみを　（A）
あなたを知る者たちのために　（B）
（11ｂ）そしてあなたの正義を　（A'）
心のまっすぐな者たちのために　（B'）

［祈願（２）］
（12）わたしに来ることがないように　（A）
高ぶりの足が　（B）

（12b）そして邪悪な者たちの手が　（B'）
　　わたしを追い払うことがないように　（A'）

［祈願（3）］
（13）そこで（彼らは）倒れた　不正を行う者たちは
（13b）（彼らは）打ち倒された
　そして（彼らは）起き上がることができなかった

⑴詩編36編の構成

区切りの指標

詩編36編は、大きく分けて三つの部分からなる。1節は標題で、2節から詩の本体が始まる。また、2節の「～の託宣」という定型表現が区切りのしるしとなっている。2節から5節までは「悪」、「邪悪な者」などのキーワードで一貫していて、それらについて歌い手は第三人称で歌う。様式としては、「嘆きの歌」の中の苦難の訴えの要素に対応する。

6節から「あなた」つまり第二人称単数への呼びかけのスタイルに転じ、賛歌の様式で歌われ、10節まで続く。つまり6節から10節までは賛歌として一つのまとまりを形成するが、その中で6節、7節の「主よ」という呼びかけが置かれ、このまとまりをさらに二つの小部分に分割している。

11節以下は願望を表す動詞の形（11節は命令形、12節は二つの指示形）が用いられて、10節までとは異なるスタイルであることが読み取れる。さらに、13節は完了形が用いられて11節、12節とは異なるスタイルである。ここで「不正を行う者たち」（13節）が、先行する「高ぶりの足」、「邪悪な者たちの手」（いずれも12節）の言い換えであるのはあきらかである。とすれば、13節は歌い手である「わたし」を圧迫する敵対者たちの末路について歌っていることになる。歌い手はこの13節で完了形を預言者のスタイル（預言者的完了形）を用いることによって、確実に実現する未来として、自己の願いを表現しているのである。

11節と12節にもスタイルの変化がある。11節で主に願うのは第三人称で言及される「あなたを知る者たち」、「心のまっすぐな者たち」への保護であるのに対し、12節は第一人称「わたし」つまり歌い手自身への保護が願われる。また語順の構成にも相違があって、11節は「〜を」「〜に」を同じ順序でくり返す並行法が用いられているのに対し、12節は動詞―主語―主語―動詞という順序での交差並行法によって構成されている。つまり第三部で表明される願いは、彼ら（正しい人々）への保護から始まって、私への保護へ、そして最後に彼ら（＝不正を行う者たち）の屈服へと展開する三つの小部分からなっている。

以上の分析に基づいて、三つの部分それぞれの主な内容をまとめると以下のようになる。

第一部（2―5節）

罪に縛られた人間の現実を描写する。この詩編の歌い手は自分自身の中に罪への傾きがあることに気付いている。罪への傾きはこの世界に組み込まれたものであり、神が意図して創造した善なる世界と対照的である。

第二部（6―10節）

主への呼びかけから始まる賛歌の様式による賛美の歌である。四つのキーワードが第一部の四つのキーワードと対立する。つまり第一部の「罪」「不正」「欺き」「悪」に対し、第二部の「いつくしみ」「真実」「正義」「裁き」が対立する。これらの神のわざが世界全体を満たす。第一部で歌われた、罪への傾きによって自らを閉じ込めてしまっている罪深い人間の心の狭さに対し、生きとし生けるものすべてを救おうとしている神の心の広さが対置されている。この対置から、「救い」とは罪の世界の狭さから引き出されて、神のいつくしみと正義の広い世界へと導き入れられることを意味していることが分かる。この詩編の歌い手はこの救いを神殿とそこでの祭儀においで経験している（8―10節）。

第三部（11―13節）

神のいつくしみを経験して、歌い手はまず始めに二つの仕方で直接神に向かって祈願する。一つは、神への直接の願い（第二人称「あなたの」などを用いた願い）で、神に心を開く者たちへのいつくしみと正義を願う（11節）。もう一つは非人称的な願いで、罪の暴力からの保護を願う（12節）。そして結びとして、不正な者たちの滅びを確言する節が置かれる（13節）。

13節は11―12節の祈願の結びであるばかりでなく、先行する詩編35編との結びを形成する役割を担っている。つまり三つのキーワード、「倒れる」（35・8、私訳）、「打ち倒される」（35・5、私訳）、「起き上がる」（35・11、私訳）が13節にも繰り返されて、詩編35編と詩編36編を繋いでいる（「キーワードの鎖」のスタイル）。同時に、「そこで」つまり神の生命と光がある場所で、不正と不正を行う者たちは永遠に克服される、という詩編36編のまとめとしても読むことができる。

⑵ 詩編36編の解釈

〈A　第一部　罪に縛られた人間の現実〉

神の託宣あるいは預言者の言葉を導入する定型句から始まる。邪悪な者たちに、人格化された悪が語りかける、という、いわば「反・託宣」である。「神への恐れは無い」と。歌い手は自分自身の中に誘惑する語りかけを見いだす。神はこの世界で無力であり、どうでもよい存在である、というささやきに歌い手自身が脅かされている。

人を神から遠ざけようとする誘惑の声は、詩編14編1節と詩編53編2節に引用されている。

神を知らぬ者は心に言う、「神などない」と。人々は腐敗している。忌むべき行いをする。善を行う者はいない。（詩編14・1）

神を生きるための規範とすることも、神の裁きを考えて行動することも無い。神を拒否し積極的に反抗するのではなく、神を無視し知ろうともしない。いわば、実践的無神論の生き方がここに描かれている。そのような生き方の実りは、不正と虐待である。詩編94編の歌い手もこの考えを少し異なるニュアンスで表明している。

主よ、逆らう者はいつまで、逆らう者はいつまで、勝ち誇るのでしょうか。彼らは驕った言葉を吐き続け、悪を行う者は皆、傲慢に語ります。主よ、彼らはあなたの民を砕き、あなたの嗣業を苦しめています。やもめや寄留の民を殺し、みなしごを虐殺します。そして、彼らは言います、「主は見ていない。ヤコブの神は気づくことがない」と。民の愚かな者よ、気づくがよい。無知な者よ、いつになったら目覚めるのか。（詩編94・3—8）

ここで歌われている状況、つまり敵対者が積極的に主に逆らい、主の民を苦しめるという状況は、バビロニア帝国のような超大国の圧迫やバビロン捕囚の悲惨なできごとを連想させる。敵対者たちが「イスラエルの神、主が見ることも気付くこともない」とうそぶく言葉は、できごとの深い所に横たわる本質的な脅威を表現する。つまり、歌い手にとって何よりも脅威なのは、イスラエルの神が「無に等しい存在」だと嘲笑されていることである。無力な神は存在しない神と同様、実生活に何ら意味をもたない。この意味で詩編14編と詩編94編とは類似の「無神論」が問題視されているのである。

詩編94編の歌い手は、主の教え（律法）を忠実に守る者の幸いを歌って、実践的無神論に対抗する。

> いかに幸いなことでしょう、主よ、あなたに諭され、あなたの律法を教えていただく人は。その人は苦難の襲うときにも静かに待ちます。神に逆らう者には、滅びの穴が掘られています。
> （詩編94・12―13）

しかし、それには忍耐が必要であり、未だ見えない将来への希望が必要である。歌い手にとって今すでに明らかなことは、神の導き（トーラー）に逆らって生きるなら、空しい死つまり実りのない人生に終わる、ということのみであって、その他のこと――例えば、神への希望はどのように報われるのか、あるいは、この世の悪や悪人の存在にはどのようにして決着がつけられるのか、などの問いへの答え――はすべて、神に委ね忍耐して待つより他にない。

詩編36編の歌い手は、神に逆らうという人間の傾向が自分自身の中にもあることに気付いている。邪悪な世界に閉じこもり、真の世界を見ようともしない囚われの状態であり、「自分自身を偽っている」状態（3a節）にいる。そのような人間から不正と欺きが生じ、言葉と行いによって、善いものとして創られたはずの世界を腐食する。生命の源泉ではなく、社会的死の源泉である。

5節の「寝床で悪を企む」というモチーフはミカ書とシラ書にもある。寝床は人がただ一人となる機会、心の奥底、人間の性根が現れる場所である。

災いだ、寝床の上で悪をたくらみ、悪事を謀る者は。夜明けとともに、彼らはそれを行う。力をその手に持っているからだ。（ミカ書2・1）

自分の寝床を抜け出す男は、心の中で言う。「だれが見ているものか。周りは暗闇だし、壁がわたしを隠している。だれも見ていない。何を恐れる必要があろうか。いと高き方は、わたしの罪など、少しも気に留めはしない」と。（シラ書23・18）

歌い手は自分自身の最も深いところに、神に反する方向へと引きつけるものを見いだしている。人間が根底から悪への傾きによって汚染されているために、悪への傾きは外からだけでなく内部からも生じるのである。しかも、自分自身がそのような囚われの状態にあることに気付くこともできない。詩編49編の歌い手もこう歌う。

人間は栄華のうちにとどまることはできない。屠られる獣に等しい。これが自分の力に頼る者の道、自分の口の言葉に満足する者の行く末。陰府に置かれた羊の群れ、死が彼らを飼う。朝になれば正しい人がその上を踏んで行き、誇り高かったその姿を陰府がむしばむ。……（中略）……人間は栄華のうちに悟りを得ることはない。屠られる獣に等しい。

（詩編49・13―15、21）

詩編73編でも同様の表現が見られる。

わたしは愚かで知識がなく、あなたに対して獣のようにふるまっていた。あなたがわたしの右の手を取ってくださるので、常にわたしは御もとにとどまることができる。あなたは御計らいに従ってわたしを導き、後には栄光のうちにわたしを取られるであろう。

（詩編73・22―24）

これらの章句と結びつけて解釈するなら、詩編36編の歌い手が自分自身の中に見いだしている実践的無神論という牢獄から人を解放することができるのは、人間の力ではなく、神の力による他にないということになる。詩編36編の歌い手が実際そのように考えているからこそ、これに続けて、人を解放する神のいつくしみの力を賛美する。こうして、第一部の苦難の訴えが第二部の神のいつくしみの賛美へと移行する動機が理解できる。

〈B　第二部　宇宙全体を満たし神殿（楽園）で恵みを与える主のいつくしみの賛美〉

第一部の悪の世界に、神のいつくしみと正義が厳然と対置される。これかあれか、の対置は知恵の表現としてしばしば用いられる特徴的なスタイルであり、神の望みに従って生きるかそれとも逆らって空しい消滅へと至るかの選択を人間に迫る「二つの道の思想」がその背景にある（詩編1編など参照）。

6―7節について

第二部は「主よ」という呼びかけによって、二つの小部分に分かれる（6―7b節、7b―10節）。前半は、創造のテーマに結ばれたキーワード「天」、「雲」、「神の山々」、「洪水」、「人と獣」と共に、並行するキーワード「いつくしみ」、「真実」、「正義」、「裁き」が置かれている。

「正義と裁き」、「いつくしみとまこと」は理想的な王の支配を特徴付けるものである（詩編89・15など）。いつくしみと真実（忠実）は人間社会を維持する根本的徳、正義と裁きは政治的社会を維持する根本である。これらすべてが、主が治める世界では溢れるばかりに満ちている。人間だけでなく獣も（7b節）共にいつくしみに包まれている。神の支配が普遍的でありすべてに働きかけるものであることが、比喩を用いて表現される。

「天」、「雲」、「山々」、「洪水」は古代オリエントに共通の宇宙的象徴であり、神のわざが隅々まで満たしていることを表現する（イザヤ書6・3）。「洪水」（テホーム）（7節）は地上のものをすべて呑み込むノアの洪水（創世記7・11、8・2）と共に、上の「天」に対応する下の「海」を指す語でもある（創世記49・25）。したがって6―7節のところで歌い手は、目を天に上げ、雲、山々と次第に目を下方に移して、最後に海に達する。造られたすべてのものを注視しつつ、主のいつくしみ、真実、正義、裁きを思い、賛美している。世界に秩序をもたらし維持するのは、古代においては王の役割である。それゆえ、世界のすべてを見渡して賛美する歌い手が抱いている神のイメージは、創られたものすべてを治める王である。神の統治は「秩序」、しかも不変の秩序に基づく。

7b節の「人と獣を（あなたは）救う」は先行する四行と異なり動詞文が使われていて、文法的なスタイルを変更することにより、「人と獣」は天から海までを満たす万象とは異なった性格をもつ存在なのだ、ということが表現される。再びノアの洪水の物語が連想される。洪水物語の結末で神は、人と獣の間、そして人と人の間の暴力的対立を癒やし、滅びを防ぐ「契約」を立てる（創世記9・8―17）。人と獣だけが調和ある共存ができず、神の秩序を混乱させる。創造を完成するにはこの疵が癒やされなければならない。だからこそ、人と獣には他の創造物とは別にして「救い」が与えられる、と歌われるのである。

以上をまとめるなら、神のいつくしみは、世界に秩序をもたらし、あるいは回復し、それを永遠に保つ。しかも、秩序や正義によって世界を治める神のいつくしみは不動、不変であり、神のいつくしみとは真実、忠実と言い換えることができる。そのように造られた世界であるのに、そこには悪、つまり不正や暴力によって混乱させるものが存在する。だから神は人間と獣を「救う」。つまり神のいつくしみは、人と獣にとっては、罪と不正（2―5節）からの「救い」として具体化する（7b節）。詩編36編の歌い手は、神のいつくしみを、創造された世界、宇宙全体を見ることを契機として、感じ取っている。さらに、生き物すべてを包括する秩序を見るとともに、人間を人間にふさわしい位置に帰還させる癒し、救いを見ることによっても、神のいつくしみを感じ取っている。

8―10節について

第二部の後半で歌い手は、いつくしみの意味をさらに拡張している。それは、神の生命自身に与ることである。

まず8節で、悪からの神の保護という神のいつくしみを、雛を守る親鳥の比喩で表現している（申命記32・11、ルツ記2・12、詩編17・8なども参照）。9節では、神のいつくしみという恵みの素晴らしさが、神殿での祭儀と楽園（エデン、創世記2・10―14）のイメージで具象的に表現される。翻訳では「喜びたち」（アダニーム）とした語の単数形は「エーデン」、つまり創世記2章の舞台となる楽園を意味する語でもある。楽園から流れ出る四つの川が全世界を潤した、と物語られているとおり（創世記2・10以下）、9b節の「あなたの喜びたちの川」はこの「エデンの川」を連想させる表現なのである。また、生命の源泉がわき出る聖なる山シオンのイメージも重ねられている（詩編46・5、エゼキエル書47・1―12）。エルサレムとその神殿は神の（地上での）王座が据えられているところであり、世界全体に及ぶ秩序と生命の源泉である。

9節の「あなたの家の脂肪を（心ゆくまで）呑む」は、脂身を飽きるほど食べる喜びの祭を言うものである。「呑む」（rwh）は水や血をたっぷりしみ込ませる、という意味である（イザヤ書16・9、34・5、7、43・24など参照）。神殿に詣で、祭儀の喜びの食事を味わうとき、歌い手は神のいつくしみを実感する。つまり典礼の場、秘跡の祝いは神のいつくしみを体験するかけがえのない機会であり、不正や暴力に苦しむ人間が（そして獣も？）、悪に打ち勝つ真の生命に直接結ばれる場でなければならない、ということである。少なくともこの詩編の歌い手にとっては、そのようなものとして体験されている。

第二部は、創造のモチーフで結ばれる。すなわち、神自身が「生命」の源泉、「光」の源泉となる（10節）。他の箇所では、主の家で光を見るという歌もある（詩編26・8）。「光を見る」とは「生きる」ことを意味する（詩編13・4、19・9、49・20）。こうして歌い手は、第一部では自己自身の深いところまで巣くっている悪への傾きに気付いて神にのみ頼るしかないという無力さを歌ったが、第二部では、その悪に打ち勝つ神のいつくしみ、神のいのちを創造と祭儀とに感じ取って、神への賛美を歌う。

もう一つ、第一部から第二部への進展がある。それは、第二部の結びには「わたしたち」(10b節)という第一人称複数が、この詩編の流れの中で初めて登場することである。第一部が「私」に限定された狭い世界であったのと対照的に、神のいつくしみと真実、正義と裁きは、創造と典礼祭儀での神のいつくしみの体験を経て、人を「わたしたち」つまり共同体へと結びつける、というダイナミズムがここにある。第一部の「わたし」という狭さから歌い手を導き出し、祭儀の喜びの共同体へと解放するのである。

〈C　第三部　主に従う者たちへの保護と、不正を行う者の屈服の祈願〉

第一部のキーワードとその類語が第三部に現れ、この二つの部分の関連が強く示唆されている。つまり第一部で勢力を誇っていた「邪悪な者」「偽り」「悪」「不正」は、第三部では「高ぶり」「邪悪な者たち」「不正」として再び姿を現す。しかし異なるのは、第三部では、神がそのような悪を消滅してくれるように、との神への願いの中にあることである。しかも最後の節にあるとおり、歌い手は悪に対する神の勝利を確信している。

詩編全体の流れから解釈するとすれば、この確信は、第二部での神のいつくしみの体験から来ているはずである。言い換えれば、第三部は、第二部で賛美した神のいつくしみと真実に信頼する者が、第一部で叙述した悪の現実世界でどのように生きるのかを歌う。

すでに述べたとおり、この第三部は三つの小部分に区切ることができる。まず、神に信頼する人々が神のいつくしみと正義によって守られるよう、願う（11節）。次に、暴力的な支配者が「わたし」を奴隷にしないように、追放することのないように、神の保護を願う（12節）。結びに、預言者的完了形を用いるスタイルで、歌い手の確信が述べられる。悪を行う者たちは「神によって」打ち倒される、と。

第一の願い（11節）と第三の願い（13節）は「あなたを知る者たち」、「心のまっすぐな者たち」、「不正を行う者たち」、つまり第三人称複数の人々に関して神に願うことが歌われているのに対し、その間に挟まれた第二の願い（12節）は「わたし」つまり歌い手自身に関する祈りである。マタイによる福音書25章の終末の王のイメージと似て、あたかも歌い手の左右に心のまっすぐな者たちと不正を行う者たちが分けられ、前者には神の保護、後者には決定的な屈服が神からもたらされる。

12節で歌い手自身は――「追い払う」という表現が連想させるように――バビロン捕囚のような国家的破滅、苦難からの救いを神に願う。高ぶり（イザヤ書13・11、14・11など参照）はダビデ王朝を苦しめる大国の横暴を連想させる。あるいはエジプトから去らせようとしなかったファラオの高ぶり（出エジプト記9・17）も思い起こさせる。一人で苦難を味わうこの歌い手は、モーセやダビデのような指導者、イスラエルのメシアのような人物であると思われる。

第三部の解釈をまとめるなら、現実世界の中でどれほど悪への傾きが根深く、人間を支配しているようであっても、神のいつくしみは心のまっすぐな者たちを必ず守り抜き、他方、不正を行う者たちは必ず屈服させられる。悪に染まった現実の中で生きる者は、このように確信しているので、どんな時にも正しい道を選び、歩み続けることができる。しかもその確信は決して幻想でも偽りの慰めでもない。苦しむしもべ（イザヤ書53章）のような一人のメシアが人々の真ん中にいて、このメシアが味わう苦難と祈りが、神のいつくしみをこの世界に結びつけている。だからこそ、世界と人間に善をもたらそうという神の決意が不変不動であると確信できるのである。つまり、世を支配しているように見える罪の「反・託宣」（2節）に抵抗し、神のいつくしみに信頼して生きるために我々人間ができることは、ただ、このメシアと共に神に結ばれているだけで十分である。

⑶詩編35編とのつながり

先行する詩編35編は「個人の嘆きの歌」という様式に分類される詩編で、邪悪で欺く人によって迫害されるという苦難の中で歌われる、神への願いの詩編である。その結びは、主が彼のしもべを救うという希望に満ちた確信と、神の正義を毎日たたえ続ける、という約束である。詩編35

編では外の世界の邪悪さを嘆くが、詩編36編で歌い手は自分自身の中に同じ悪への傾きを発見する。その時々の偶発的な個々の悪からの救いよりは、むしろ恒常的悪の構造からの救いを求める。人間と獣、つまり生きとし生けるものすべてを照らし暖める太陽の光のように、神のいつくしみが行き渡ることを願う。

まとめ

詩編36編の歌い手にとって、神のいつくしみとは、神が世界を秩序有るものとして造り、生命と光に満ちたものとし、不正や暴力によって世界が傷つくときにもそれを癒やしておられる、という現実そのものである。神は世界と人間とに不変不動の善意を注ぎかけている。まさしく神にとっていつくしみは「責務」ということができる。

この神の善意の現れを、歌い手は創造と神殿祭儀に見いだして、賛美する。罪によってすべての人間が脅かされているという現実に直面しても、「世の初めから」世界の中に現存し、創造し刷新する神のいつくしみに信頼する。

賛美と信頼の根拠は、天地創造、ノアの洪水、エジプト脱出、シオン（神殿）の選び、バビロン捕囚という先祖たちの歴史にある。喜びと苦難の歩みをとおして、先祖たちは神のいつくしみが不変不動のものであることを体験した。歌い手は神の民を代表するメシア的存在として、悪の現実と神のいつくしみの現存とを自ら体験し、心のまっすぐな者たちと神とを結ぶ仲介者として、神のいつくしみを賛美する。

詩編36編に歌われた神のいつくしみを我々も体験するにはどうすればよいのだろうか。一つは神の創造による森羅万象をじっくりと見つめ、その背後にある神の善意、つまり、生命を癒やし完成させたいという神の切なる望みを感じ取ることであろう。また第二には、我々が日々祝っている秘跡（サクラメント、聖礼典）の典礼の中に、創造の中に現存するのと同様の神のいつくしみを体験することであろう。ミサを祝うときに、「すべてをあなたたちに与えよう」（マタイ6・33参照）と言われたキリストの言葉の中に、響いている神のいつくしみと出会う。神のいつくしみを感じ取り、その喜びに励まされて、我々は悪に深く傷つけられているこの世界の現実を忍耐強く、正しい目的地を目指して歩み続けることができるであろう。

教皇フランシスコと「いつくしみ（misericordia）」概念

川中　仁

はじめに

二〇一五年四月十一日、教皇フランシスコが大勅書「いつくしみのみ顔（*Misericordiae Vultus*）」[1]を発布し、同年十二月八日から翌二〇一六年十一月二十日までを「いつくしみの特別聖年」とすることが宣言された。これを機に、教皇フランシスコが以前より強調してきた「いつくしみ（misericordia）」概念が、ローマ・カトリック教会全体であらためて大きくクローズアップされることとなった。

カトリック教会内で「いつくしみ（misericordia）」概念が前面にでてくることにともない、「いつくしみ（misericordia）」概念の両義性という問題も浮かびあがってきた。つまり、現在カトリック教会で強調されている"misericordia"という言葉がいったい何を意味しているのかという問題である。"misericordia"概念を理解するためには、その背景となる聖書的な諸概念とその用法、中世の哲学的―神学的概念としての用法、またローマ・カトリック教会の教会公文書における用

「いつくしみの特別聖年」のロゴ

法などをみる必要がある。そこで、本稿では、まず旧約聖書と新約聖書における「いつくしみ」に相当する諸概念の用法、次にトマス・アクィナスの『神学大全』における「いつくしみ（misericordia）」概念の用法、最後に教皇文書からヨハネ二十三世からベネディクト十六世までと教皇フランシスコにおける「いつくしみ（misericordia）」概念の用法を概観してみたい。それによって、現在カトリック教会で取り上げられている「いつくしみ（misericordia）」概念の意味するところは何かという問題に迫ってみたい[2]。

また、“misericordia”概念の日本語の翻訳上の問題にも簡単に触れておきたい。具体的には、“misericordia”の日本語の訳語は、「憐れみ」なのか「慈しみ」なのかという問題である。日本のカトリック教会は、“misericordia”の訳語として、「憐れみ」でも「慈しみ」でもなく、平仮名で「いつくしみ」という言葉を採用した。最終的に「いつくしみ」という訳語が採用された具体的な経緯はともかくとして、日本語の「憐れみ」という言葉は、上から目線で人を見下すような意味合いがあるとされ、一般的に避けられる傾向にある。ただ、聖書的な“misericordia”が基本的に神から人間への一方的かつ無条件な愛であることを考えると、「いつくしみ」という言葉ではたして適切に日本語に置き換えることができるのかについては議論の余地がある。とはいえ、聖書的な“misericordia”のもつ他者の苦しみに対する真の共感・共苦、つまり苦しんでいる人びとに心から寄り添い、共にあろうとするという意味合いが、日本語の「憐れみ」や「慈しみ」で充分に表現できるのかどうかという問題は残るのである。このように両者は、翻訳語として一長一短あるが、本稿では、原則として、日本のカトリック教会とともに、“misericordia”概念の訳語として「いつくしみ」を用いることとする。

1　聖書における「いつくしみ」

「いつくしみ（misericordia）」概念に関する考察にあたって、まず聖書における「いつくしみ」として、旧約聖書と新約聖書における「いつくしみ」に相当する諸概念を取り扱うが、詳細な考察は別の機会に譲り、ここでは「いつくしみ」を意味する諸概念とその基本的な用法をごく簡単に概観するにとどめたい[3]。

(1) 旧約聖書における「いつくしみ」

旧約聖書で「いつくしみ」に相当するヘブライ語の概念は、「ヘセド（חסד / hesed）」と「ラフーム（רחום / rachum）」である[4]。「ヘセド」は、「恵み深い主に感謝せよ。慈しみ（ヘセド）はとこしえに」（詩編136・1）、「わたしが喜ぶのは／愛（ヘセド）であっていけにえではなく／神を知ることであって／焼き尽くす献げ物ではない」（ホセア6・6）などで用いられている。また、「ラフーム」は、「主は驚くべき御業を記念するよう定められた。主は恵み深く憐れみ（ラフーム）に富み」（詩編111・4）などで用いられている。このような「ヘセド」と「ラフーム」の独立的な用法のみならず、「主は彼の前を通り過ぎて宣言された。『主、主、憐れみ深く（ラフーム）恵みに富む神、忍耐強く、慈しみ（ヘセド）とまことに満ち」（出エジプト記34・6）、「主は憐れみ深く（ラフーム）、恵みに富み／忍耐強く、慈しみ（ヘセド）は大きい」（詩編103・8）、「主は恵みに富み、憐れみ深く（ラフーム）／忍耐強く、慈しみ（ヘセド）に満ちておられます」（詩編145・8）などでは、「ヘセド」と「ラフーム」の両者は並列的に用いられている。

以上の旧約聖書の「ヘセド」と「ラフーム」の用例では、「ヘセド」と「ラフーム」は、基本的に神から人間への一方的で無条件の愛を意味しているが、日本語訳ではコンテキストによってさまざまに訳し分けられている。新共同訳では、「ヘセド」と「ラフーム」は、基本的に「慈しみ」と「憐れみ」という訳語があてられているが、それらは必ずしも「いつくしみ」概念に一対一で厳密に対応する概念ではないのである。

(2) 新約聖書における「いつくしみ」

新約聖書において、「いつくしみ」を意味する代表的な概念は、「エレオス（ἔλεος / eleos）」である。マタイによる福音書9章13節では、こう述べられている。「『わたしが求めるのは憐れみ（エレオス）であって、いけにえではない』とはどういう意味か、行って学びなさい。わたしが来たのは、正しい人を招くためではなく、罪人を招くためである』」。ここでは、上述のホセア書6章6節が引用され、「ヘセド」はギリシャ語の「エレオス」で置き換えられている。また、エフェソの信徒への手紙2章4節では、「しかし、憐れみ（エレオス）豊かな神は、わたしたちをこの上なく愛してくださり、その愛によって」とある。この新共同訳の「憐れみ豊かな神」は、ギリシャ語では「憐れみ（エレオス）において豊かな神」である。また、マタイによる福音書5章7節では、「憐れみ深い人々は、幸いである、／その人たちは憐れみを受ける」と述べられ、「エレオス」と同根の動詞「憐れむ（ἐλεέω / eleeo）」と形容詞「憐れみ深い（ἐλεήμων / eleemon）」が用いられている。

「エレオス」のほかに、新約聖書で「憐れむ」と翻訳されているのは、「スプランクニゾマイ（σπλαγχνίζομαι / splagchnizomai）」である。マタイによる福音書9章36節では、「また、群衆が飼い主のいない羊のように弱り果て、打ちひしがれているのを見て、深く憐れまれた」とあるが、ここで「深く憐れまれた」と訳されているギリシャ語には、「スプランクニゾマイ」が用いられている。また、ルカによる福音書15章11―32節の放蕩息子の物語で、息子を憐れむ父親の姿はこう描かれている。「そして、彼はそこをたち、父親のもとに行った。ところが、まだ遠く離れていたのに、父親は息子を見つけて、憐れに思い、走り寄って首を抱き、接吻した」（ルカ15・20）。

ここでも、新共同訳で「憐れに思い」と訳されているギリシャ語は、「スプランクニゾマイ」である。

そのほかに新約聖書で「憐れみ深い」と翻訳されるのは、「オイクティルモーン（οἰκτίρμων / oiktirmón）」である。ルカによる福音書6章36節では、こう述べられている。「あなたがたの父が憐れみ深いように、あなたがたも憐れみ深い者となりなさい」。ここで、「オイクティルモーン」は、新共同訳で「憐れみ深い」と訳されている。ちなみに、「いつくしみの特別聖年」の公式ロゴに記されている「いつくしみ深く　御父のように」（"Misericordes sicut Pater"）は、このルカによる福音書6章36節からとられている。(5)

このように、新約聖書では、「憐れみ」ないし「慈しみ」の意味で、「エレオス」、「スプランクニゾマイ」、「オイクティルモーン」などの諸概念が用いられている。それらは、神から人間に対する一方的で無条件的な愛であり、また人間の隣人に対する愛である。このように、「いつくしみ（misericordia）」に対応する聖書ギリシャ語には、多様な概念が用いられている。

以上の新旧約聖書の用例から明らかなのは、「憐れみ」ないし「慈しみ」を意味する聖書的な「いつくしみ」概念は、代表的な旧約聖書の「ヘセド」や新約聖書の「エレオス」にとどまらず、極めて多様であり、また日本語の「いつくしみ」概念に一対一で厳密に対応する聖書的な概念はないということである。

2　トマス・アクィナスにおける「憐れみ（misericordia）」と「愛（caritas）」

ここでトマス・アクィナスにおける“misericordia”概念を取り扱うが、中世期の哲学的―神学的概念としての“misericordia”は、通常「憐れみ」――時には「憐憫」――と訳されているので、“misericordia”概念に「憐れみ」という訳語を用いることとする。さて、「憐れみ（misericordia）」概念には、意味的に似通った「愛（caritas）」概念がある。そこから生じてくるのは、「憐れみ（misericordia）」か「愛（caritas）」かという問題、すなわち「憐れみ」と「愛」の本質的な区別と差異はいったい何なのかという問題である。そこで、トマス・アクィナスの『神学大全（*Summa Theologiae*）』から、「憐れみ（misericordia）」と「愛（caritas）」の問題を取り扱っている箇所[6]を取り上げ、トマス・アクィナスにおいて「憐れみ（misericordia）」と「愛（caritas）」は何を意味しているのか、また両概念は相互にどう区別されるのかという問題に簡単に取り組んでみたい[7]。

⑴「憐れみ（misericordia）」とは?

まず、トマス・アクィナスが「憐れみ（misericordia）」概念をどう理解しているのかをみてみたい。トマスは、『神学大全I』、第21問題、第3項で、「憐れみ（misericordia）」について、次のように述べている。「ひとが憐れみ深い misericors といわれるのは、『あわれの心 miserum cor を有するもの』というほどの意味においてであり、彼はすなわち、他者の悲惨 miseria に基づき、それがあたかも自己自身の悲惨であるかのごとく悲しみに打たれる。そして、こうしたところから、他者の悲惨を、それがあたかも自己自身の悲惨であるかのごとくに、追い払うべくはたらくということが結果するのであって、これが即ち憐憫の果 effectus にほかならない」（『神学大全２』、221頁〔*Summa Theologiae*, I, q. 21, a. 3, co.〕）。『神学大全Ⅱ—Ⅱ』、第30問題、第1項では、より簡潔にこう述べられている。「憐れみは他者の苦しみ・悲惨を共に苦しむことであるから、本来的な意味での苦しみは他者にかかわるものであり、［…］」（『神学大全16』、341頁〔*Summa Theologiae*, II-II, q. 30, a. 1, ad 2〕）、すなわち、トマスにおいては、「憐れみ（misericordia）」は、他者の悲惨に対する共感・共苦（compassio miseriae alterius）とされている。

同時にトマスが強調していることは、「憐れみ（misericordia）」が何よりも神についていわれるものだということである。『神学大全Ⅰ』、第21問題、第3項では、こう述べられている。「憐憫は何よりも神にこそ帰属せしめられるべきである。もとより然し、それは果 effectus に関するかぎりにおいてなのであって、情的な感受 passionis affectus に関するかぎりにおいてではありえない」（『神学大全２』、221頁〔*Summa Theologiae*, I, q. 21, a. 3, co.〕）。また、『神学大全Ⅱ—Ⅱ』、第30問題、第4項では、こう述べられている。「ここからして、憐れみを起すことは神に固有なることであるとされ、また神の全能は何より第一に憐れみにおいて明示される、ともいわれるのである」（『神学大全16』、352頁〔*Summa Theologiae*, II-II, q. 30, a. 4, co.〕）。このように、トマスにおいて、「憐れみ（misericordia）」は、神に固有な属性とされている。

⑵「憐れみ（misericordia）」と「愛徳（caritas）」

トマス・アクィナスは、『神学大全Ⅰ』、第21問題、第4項で、「憐れみ（misericordia）」を隣人の欠如を補完するものとしている。「神の如何なるわざにおいても憐憫と正義とが見出だされるべきことは必然である。その際、ただし、憐憫とは、およそあらゆる意味における欠陥 defectus の除去と解されなくてはならぬ」（『神学大全2』、224頁〔*Summa Theologiae*, I, q. 21, a. 4, co.〕）。また、『神学大全Ⅱ―Ⅱ』、第30問題、第4項で、「憐れみ（misericordia）」と「愛徳（caritas）」とを比較して、次のように述べている。「したがって、自らの上に神を有する人間に関していえば、それによって神と合一するところの愛徳（caritas）が、それによって隣人の欠陥を補うところの憐れみ（misericordia）よりも優れたものである」（『神学大全16』、352頁〔*Summa Theologiae*, II-II, q. 30, a. 4〕）。ここで、トマスは「憐れみ（misericordia）」を隣人に対する外的な業、「愛徳（caritas）」を神に対する内的な愛と理解している。そのうえで、トマスは、「憐れみ（misericordia）」と「愛徳（caritas）」の両者の特性を、「愛徳（caritas）」を神との一致による徳、「憐れみ（misericordia）」を隣人の欠如を補完するものととらえている。

また、『神学大全Ⅱ―Ⅱ』、第30問題、第4項では、「愛徳」に“affectio”という語を用い、対神徳である「愛徳（affectio）」と対人徳である「憐れみ（misericordia）」について、次のように述べられている。「キリスト教的宗教 religio christiana の総体が、外的な業に関していえば、憐れみに存する。しかし、われわれがそれによって神と結びつくところの愛徳の内的な愛 affectio は、隣人にたいする愛と憐れみよりも優れたものなのである」(『神学大全16』、353頁〔*Summa Theologiae*, II-II, q. 30, a. 4, ad 2〕)。さらに、トマスは、両概念を神との類似という観点から、次のように述べている。「われわれは愛徳によって、(内的な)愛によって per affectum 神に合一せしめられた者として、神に似た者たらしめられる。したがって、われわれが業の類似 similitudo operationis に即して神に似た者たらしめられるところの憐れみよりも、愛徳の方がより優れたものである」(『神学大全16』、353頁〔*Summa Theologiae*, II-II, q. 30, a. 4, ad 3〕)。すなわち、トマスによれば、具体的な行為――「業の類似(similitudo operationis)」――によって神に似たものとなる「憐れみ(misericordia)」よりも、内的な愛で神と結ばれて神に似たものとなる「愛徳(affectio)」がより優れている。

このように、トマスは、基本的に「愛徳(caritas / affectio)」を対神的な徳、「憐れみ(misericordia)」を対人的な徳と理解したうえで、「愛徳(caritas / affectio)」が「憐れみ(misericordia)」に対して優位にあるとしている。

3 教皇文書における「いつくしみ」

「いつくしみ(misericordia)」概念は、教皇フランシスコによってカトリック教会で大きくクローズアップされることになったが、第二バチカン公会議以降の教皇フランシスコの前任の教皇たちにおいても鍵となる重要な概念である。そこで、以下において、まず教皇ヨハネ二十三世から教皇ベネディクト十六世までの教皇文書における「いつくしみ（misericordia）」とその関連概念の「愛（caritas）」の用法をみたうえで、教皇フランシスコによって現在カトリック教会で強調されている「いつくしみ（misericordia）」概念の理解を試みたい。ここで教皇フランシスコにおける「いつくしみ（misericordia）」概念を他の教皇たちとは別に取り上げるのは、カトリック教会で現在強調されている神学的概念としての“misericordia”には教皇フランシスコ固有の意味合いがあり、その理解のためには、教皇フランシスコ自身が“misericordia”で言わんとするところをつかまねばならないからである。実際のところ、教皇フランシスコのいう“misericordia”には、非常に幅広い意味が含まれており、それは“misericordia”概念の分析のみからは必ずしも導きだすことはできないのである。

⑴ヨハネ二十三世からベネディクト十六世まで

ヨハネ二十三世は、一九六二年十月十一日の第二バチカン公会議開会演説「ガウデット・マーテル・エクレジア（Gaudet Mater Ecclesia）」でこう述べている。「今日、キリストの花嫁である教会は、厳格さという武器を振りかざすよりも、むしろいつくしみという薬（misericordiae medicina）を用いることを望んでいます」。すなわち、第二バチカン公会議で目指す新たな教会が、「厳格さ（severitas）」ではなく、何よりも「いつくしみ（misericordia）」――「いつくしみという薬（misericordiae medicina）」――を根本手段とすべきであることを強調している。

一九六三年のヨハネ二十三世の逝去後、第二バチカン公会議の継続を決定したパウロ六世は、一九六五年十二月七日の第二バチカン公会議最後の公会議演説で、公会議全体を振り返ってこう述べている。「わたしはむしろ、公会議の信条は何にも増して愛（caritas）であったということを強調しておきたいと思います」。ここで、パウロ六世は、第二バチカン公会議の根本精神を「愛（caritas）」概念でまとめている。その際に、パウロ六世は、「よいサマリア人についての古い物語が、公会議の霊性の模範でした」と述べ、公会議の霊性の模範が「よいサマリア人」（ルカ11・25―37）であったとしている。

さらに、パウロ六世は、第二バチカン公会議の目指している方向性について、こう述べている。「もう一つ強調すべきことは、この教義的豊かさのすべては、ただ一つの方向を目指しているということです。人間に奉仕することです（ut homini serviat）。その人の置かれている状況、抱えている悲惨さ、困窮の度合い、そのいかんにかかわらず、すべての人に奉仕することです」。すなわち、現代世界の具体的な「人びとに奉仕すること（homini servire）」、それこそが第二バチカン公会議の目指しているものであることを強調している。同様のことは、『現代世界憲章（Gaudium et spes）』3・2項でも述べられている。「教会の望むことはただ一つ、すなわち、真理についてあかしするため、世を裁くためではなく救うため、仕えられるためではなく仕えるために（ut ministraret, non ut sibi ministraretur）この世に来られたキリスト自身のわざを、弁護者である霊の導きのもとに継続していくことである」。すなわち、現代世界において人びとに奉仕すること――

「仕えること（ministrare）」――こそが、教会の根本的な使命なのである。このような教会の根本理解は、マルコによる福音書10章45節のイエスの言葉と響き合っている。「人の子は仕えられるためではなく仕えるために、また、多くの人の身代金として自分の命を献げるために来たのである」（マルコ10・45）。この人びとに奉仕する姿は、ナザレのイエスの生き方そのものであり、それゆえキリストの教会の究極的な規範なのである。

ここで注目したいのは、第二バチカン公会議を召集し、締めくくった、ヨハネ二十三世とパウロ六世の二人の教皇が、第二バチカン公会議の根本精神をまとめるのに、ヨハネ二十三世は「いつくしみ（misericordia）」、パウロ六世は「愛（caritas）」とそれぞれ異なる概念を用いていることである。このことは、両教皇が用いている概念自体には意味上の大きな差異はなく、それゆえ相互に交換可能な概念だということをしめしている。

教皇フランシスコに先立って、「いつくしみ（misericordia）」概念を教会の使命の中心にすえたのが、教皇ヨハネ・パウロ二世である（教皇フランシスコ『イエス・キリスト、父のいつくしみのみ顔』11参照）。教皇ヨハネ・パウロ二世は、回勅『いつくしみ深い神（Dives in misericordia）』（一九八〇年十一月三十日）で、現代人と「いつくしみ（misericordia）」について、現代人が「いつくしみ（misericordia）」を排除する傾向にあると述べている。「現代の人の考え方は、もしかすると過去の人々よりも、いつくしみの神（Deus misericordiae）に反対しているようですし、あわれみ（misericordia）という考えを生活から除外し人の心から取り除く傾向に事実傾いているように思われます。『あわれみ（misericordia）』のことばと観念は人に居心地悪い気持ちをもたせるようです」（教皇ヨハネ・パウロ二世『回勅　いつくしみ深い神』2）。それに対して、ヨハネ・パウロ二世は、「いつくしみ（misericordia）」こそが神の属性であるとし、それゆえ教会が真に生きたものとなるのは、「いつくしみ（misericordia）の信仰を告白し宣言するとき」、すなわち教会が「いつくしみ（misericordia）を証しするときであるとしている。「教会はいつくしみの信仰を告白し宣言するときに真の生活を生きています。これこそ創造主としてもあがない主としても、もっとも驚嘆すべき属性です。救い主のいつくしみの泉を委託され、配る役割をもたされて、救い主のいつくしみの泉へと人々を近づけるときに、真の生活を生きています」（教皇ヨハネ・パウロ二世『回勅　いつくしみ深い神』13）。

ベネディクト十六世は、回勅「神は愛（Deus caritas est）」（二〇〇五年十二月二十五日。教皇ベネディクト十六世『回勅　神は愛』カトリック中央協議会、二〇〇六年）と回勅「真理に根ざした愛（Caritas in veritate）」（二〇〇九年六月二十九日。教皇ベネディクト十六世『回勅　真理に根ざした愛』カトリック中央協議会、二〇一一年）の二つの回勅をだしている。この両回勅で注目すべきことは、ベネディクト十六世は、「いつくしみ（misericordia）」ではなく、もっぱら「愛（caritas）」について述べていることである。実際、回勅「神は愛」では、「愛（caritas）」については包括的に取り扱っているものの、「いつくしみ（misericordia）」には全く言及されないのである。だが、回勅「神は愛」の冒頭で、次のように述べられている。「『神は愛（caritas）です。愛（caritas）にとどまる人は、神の内にとどまり、神もその人の内にとどまってくださいます』（Ⅰヨハネ４・16）。ヨハネの手紙一からとられたこのことばは、キリスト教信仰の核心をこのうえもなくはっきりと表しています。すなわち、キリスト教的な神の姿と、そこから帰結する、人間とその歩む道の姿です」（教皇ベネディクト十六世『回勅　神は愛』1）。ここで用いられている「愛（caritas）」概念は、ヨハネ二十三世やヨハネ・パウロ二世のいう「いつくしみ（misericordia）」と意味上の根本的な差異はないということができるであろう。

以上、ヨハネ二十三世からベネディクト十六世までの教皇文書を概観したが、これらの教皇文書からみえてくることは、教皇文書においては、「いつくしみ（misericordia）」と「愛（caritas）」の両概念に意味上の根本的な差異はなく、場合によって両者は交換可能な概念だということである。教皇ヨハネ・パウロ二世も、回勅「いつくしみ深い神（Dives in misericordia）」で、こう述べている。「この愛（amor）を信じるとは、いつくしみ（misericordia）を信じることです。いつくしみは愛になくてはならない広がりの中にあって、いわば愛の別名です」（教皇ヨハネ・パウロ二世『回勅　いつくしみ深い神』7）。ここでは、「愛」に“amor”という語が用いられているが、「いつくしみ（misericordia）」は「愛（amor）」の言い換えで、その意味で両者は交換可能な概念となっている。

⑵教皇フランシスコと「いつくしみ（misericordia）」概念

教皇フランシスコが「いつくしみの特別聖年」を定めたことを契機として、「いつくしみ（misericordia）」概念がカトリック教会でクローズアップされるようになったが、ヨハネ二十三世からベネディクト十六世までの教皇文書をたどると、「いつくしみ（misericordia）」を強調することは、決して唐突な動きではなく、第二バチカン公会議以降のカトリック教会の基本的な流れのもとにあるということができるであろう。ただ、これらの教皇たちと比べると、教皇フランシスコにおいては、「いつくしみ（misericordia）」は、神学的―司牧的な中心的概念として際立っている。[8]

「いつくしみ（misericordia）」概念が教皇フランシスコにとって特別な意味をもっていることは、教皇フランシスコの紋章銘“Miserando atque eligendo”（「あわれみ、そして選んだ」）にみることができる。この紋章銘は、聖ベダ（聖ベーダ・ヴェネラビリス Beda Venerabilis）（六七二／六七三―七三五年）の説教[9]の次の一節からとられたものである（教皇フランシスコ「いつくしみのみ顔（Misericordiae Vultus）」8）。聖ベダは、その「説教二一」でマタイの召命の場面（マタイ9・9―13）を注解して、こう述べている。「〔イエスは〕徴税人〔マタイ〕を見つめて、憐れみ、そして選ばれ（miserando atque eligendo）、わたしに従いなさいと言った[10]」。この神の憐れみと選びの体験は、教皇フランシスコ自身の召命体験そのものである[11]。このように、「いつくしみ（misericordia）」概念は、教皇フランシスコ自身の霊的な体験と密接な関係にある。

4 月刊行予定

キリシタン音楽入門（仮題）
洋楽渡来考への手引き
皆川達夫

編集部だより

説教黙想アレテイア 特別増刊号
見よ、この方を！
今、復活と十字架をいかに語るか
加藤常昭／徳善義和／芳賀 力／吉村和雄／平野克己 他 著
●B5判・128頁・1,852円《2017年2月刊》

小説家デビット・ゾペティさんが本書で、説教を聴く者の思いを率直に語っている。会衆は「主の死と甦りを〈現実として〉実感し、受け入れることに苦労している」。主の受難、そして復活という、この驚くべき使信にいつのまにか慣れてしまい、心は鈍くなり、現実味も新鮮味も薄れてしまうのだ。

このような私たちである。しかし、同時に切に願ってもいる。主の復活と十字架を、自分が生きるための〈最重要事〉として聴き取りたい、と。会衆の心の深くに届くように、語らせていただきたい、と。

本書はこの、多くの牧師・信徒の切なる願いに応えるために編集された。30名余の牧師、神学者、信徒が、この福音をいかに聴き、いかに語るかを巡って、聖書の言葉と格闘している。復活の説教を書くための懇切な手引きもある。日常生活の具体的な経験や、映画、ポップス、小説、漫画（『四月は君の嘘』！）などを通して、この福音の理解を深めるエッセイもある。説教者はもちろん、信徒の方々にも、ぜひ手にとっていただきたい。(D)

日本キリスト教団出版局

新刊案内

2017.3

初期キリスト教の宗教的背景 上巻
古代ギリシア・ローマの宗教世界

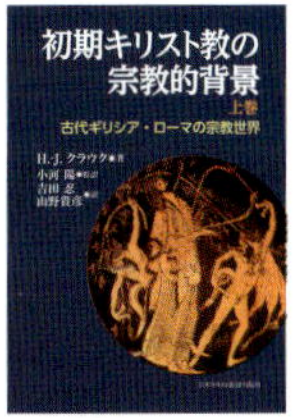

H. J. クラウク 小河 陽 監訳 吉田 忍／山野貴彦 訳

新約聖書を理解するには、同時代のギリシア・ローマ世界の宗教事情を知ることが不可欠である。当時の庶民がどのような宗教的日常を送り、宗教に何を期待していたか、史料を基に生き生きと描く。ドイツ語圏、英語圏で高い評価を得ている世界的名著、待望の翻訳。

●A5判・上製・354頁・5,000円《3月刊》 最新刊！

【推薦のことば】最初にキリスト教のメッセージに接した人々は、マルチな宗教文化の中で生きていました。犠牲を捧げ、秘密の儀式を行い、支配者を崇拝し……。当時の宗教世界への最良のガイド・ブックです。

立教大学文学部教授、日本聖書学研究所所長 廣石 望

〒169-0051 東京都新宿区西早稲田 2-3-18
TEL.03-3204-0422 FAX.03-3204-0457
振替 00180-0-145610 呈・図書目録
http://bp-uccj.jp
（ホームページからのご注文も承っております）
E-mail eigyou@bp.uccj.or.jp
【表示価格はすべて税別です】

神のいつくしみ　苦しみあわれむ愛

2016年上智大学神学部夏期神学講習会講演集

片山はるひ／髙山貞美 編著

聖書には一貫していつくしみ深い神が表されていると言える。暴力がはびこり、苦悩する人々の叫びが響きわたるこの現代世界にあって、どのようにいつくしみにあふれる神の愛を知り、伝えてゆくことができるのか。聖書、神学、霊性といった観点から考察した論文6本を収録。

●四六判・並製・170頁・1,800円《3月刊》　最新刊！

シリーズ発売中
各2,800円
『死と再生《2009》』『危機と霊性《2010》』『あなたの隣人はだれか《2011》』『女と男のドラマ《2012》』『信とは何か《2013》』『希望に照らされて《2014》』『福音の喜び《2015》』

十字架上の七つの言葉と出会う

W. H. ウィリモン　上田好春 訳

イエスが十字架上で語られた七つの言葉を、一つ一つとりあげる説教集。わたしたちは、イエスの発したこれらの言葉のインパクトを、正しく受けとめているだろうか。神へと導かれる喜びの道は、受難の金曜日、十字架を見上げるところから始まることを伝える。

●四六判・並製・224頁・2,200円《3月刊》　最新刊！

井上洋治著作選集7　第2期全5巻《第２回配本》

まことの自分を生きる／イエスへの旅

山根道公 編・解題　　若松英輔 解説

自らの心の友、宮沢賢治、松尾芭蕉、西行、良寛を師イエスに紹介する思いで綴る『まことの自分を生きる』と、自身の経験から日本の福音宣教のあり方を探求した『イエスへの旅』を収録。ロシア文学者・安岡治子と、現代作曲家・松村禎三によるエッセイも収める。

●A5判・上製・266頁・2,500円《2月刊》

旧約文書の成立背景を問う

共存を求めるユダヤ共同体

魯恩碩（ろ・うんそく）

捕囚期以後、ペルシア時代のユダヤ共同体（イェフト
的・社会的試練と苦難に直面し、それを神への信仰
乗り越えようとした。その苦闘の結晶が旧約聖書で
法・預言書・諸書、旧約正典諸文書編纂の担い手と
人々、諸文書の成立した時代的・社会的背景を問う。

●A5判・上製・402頁・4,000円《1月刊》

福音書記者マタイの正体

その執筆意図と自己理解

澤村雅史

弟子たちに「異邦人の道に行ってはならない」（マタイ10章）と命じた主イエスが、福音書の結末では「すべての民をわたしの弟子にしなさい」（28章）と命じる。多くの聖書読者を悩ませてきたこの「矛盾」に、新しい視点から切り込み、マタイ福音書の執筆意図に迫る。

●A5判・上製・194頁・2,000円《12月刊》

井上洋治著作選集6　第2期全5巻《第１回配本》

人はなぜ生きるか　イエスのまなざし　日本人とキリスト教 抄

山根道公 編・解題　　若松英輔 解説

信じることによる喜びと安らぎをわかりやすく語る、井上神父初の講演録『人はなぜ生きるか』と、思索のルーツが示される『イエスのまなざし』よりエッセイを収録。井上神父に影響を受けた現代作曲家・細川俊夫と、井上神父の畏友・遠藤周作のエッセイも収録。

●A5判・上製・250頁・2,500円《12月刊》

教皇フランシスコの紋章

教皇フランシスコが教皇就任後に立て続けに行ってきた教会改革は、極めて広汎で、なおかつ現在進行中なので、その全体像を把握するのは容易ではない。だが、教皇フランシスコの教会改革の基本的な構想は、貧しいキリストに従う教会――「貧しい人びとのための貧しい教会（la Chiesa povera per i poveri）」――という表現に収斂しているということができるであろう。教皇フランシスコの使徒的勧告「福音の喜び（Evangelii Gaudium）」（二〇一三年十一月二十四日。教皇フランシスコ『使徒的勧告　福音の喜び』カトリック中央協議会、二〇一四年）では、こう述べられている。「神は『最初にそのあわれみを』貧しい人々にお与えになります。神からのこの優先的な扱いは、すべてのキリスト者の信仰生活に影響を与えます。『キリスト・イエスにもみられるもの』（フィリピ2・5）をもつように呼ばれるのです。［…］ですから、貧しい人のため、教会は貧しくあってほしい（una Chiesa povera per i poveri）と思います」（教皇フランシスコ「使徒的勧告　福音の喜び（Evangelii Gaudium）」198）。それは誰よりも貧しい人びとを優先的に大事にし、貧しい人びとに仕える教会像である。教皇フランシスコは、この教会改革の根本構想を「出向いて行く」教会（la Chiesa “in uscita”）とも表現している。「『出向いて行く』教会（la Chiesa “in uscita”）は、宣教する弟子たちの共同体です。彼らは、率先する人、かかわり合う人、寄り添う人、実りをもたらす人、そして祝う人です」(教皇フランシスコ「使徒的勧告　福音の喜び(Evangelii Gaudium)」24)。それは世界と人びとに対して常に開かれた教会である。その意味で、教皇フランシスコの改革においては、「対内性(ad intra)」と「対外性(ad extra)」の両者は一体である。すなわち、教会が常に「出向いて行く」教会(la Chiesa "in uscita")であろうとすることが、教会自体の改革につながるのである。このような教皇フランシスコの教会改革、いわば「フランシスコ改革」は、アシジのフランシスコに連なるカトリック教会改革の流れを汲むものである。教皇フランシスコにとって、「いつくしみ(misericordia)」概念とは、まさにこの教会改革の根本構想そのものである。この教会改革の原動力となるのは、独り子をお与えになったほど世を愛された神(ヨハネ3・16)の「いつくしみ(misericordia)」にほかならない。

二〇一三年四月七日、サン・ジョヴァンニ・イン・ラテラノ大聖堂(Basilica di San Giovanni in Laterano)でのローマ司教座着座式ミサ説教で、教皇フランシスコは、「神のいつくしみ(la misericordia di Dio)」についてこう述べている。「神のいつくしみ(misericordia)、大きく深い愛は、美しい信仰の真理です。わたしたちの人生において、神の惜しみない愛(amore)は、そのいつくしみによって、わたしたちの手をとり、支え、立ち上がらせ、前に向かって歩み出すようにしてくださいます[12]」。教皇フランシスコにとって、「いつくしみ(misericordia)」と「愛(amore)」は、まさに交換可能な言い換えなのである。

結び

現在、ローマ・カトリック教会では、教皇フランシスコによって、「いつくしみ（misericordia）」が教会全体で強調されているが、本稿では、その意味するところを理解するために、「いつくしみ（misericordia）」概念の聖書的背景となる諸概念とその用法、中世、とりわけトマス・アクィナスにおける哲学的–神学的概念としての用法、またローマ・カトリック教会の教会公文書、とりわけ第二バチカン公会議以降の教皇文書における用法を概観してきた。

聖書のさまざまな用例から明らかになったことは、聖書的な「いつくしみ」概念が、旧約聖書の「ヘセド」や新約聖書の「エレオス」などの代表的な概念にとどまらず多様であること、そのため日本語の「いつくしみ」概念に一対一で厳密に対応する聖書的な概念はないということである。トマス・アクィナスにおいては、「憐れみ（misericordia）」とそれに関連する「愛徳（caritas）」の両者は明確に定義され区別されている。それに対して、第二バチカン公会議以降のヨハネ二十三世からベネディクト十六世までの教皇文書においては、「いつくしみ（misericordia）」と「愛（caritas）」の両概念に意味上の根本的な差異はなく、いわば交換可能な概念となっている。

このように、「いつくしみ（misericordia）」概念は、第二バチカン公会議以降の諸教皇においても強調されており、決して教皇フランシスコによって唐突に打ち出されたものではない。だが、現在カトリック教会で強調されている「いつくしみ（misericordia）」概念を理解するためには、これを「貧しい人びとのための貧しい教会」という教会改革の根本構想を掲げる教皇フランシスコのいわば信仰の表現として、教皇フランシスコ固有の意味で理解しなければならないのである。

注

（1）教皇フランシスコ「イエス・キリスト、父のいつくしみのみ顔――いつくしみの特別聖年公布の大勅書」、カトリック中央協議会、二〇一五年（https://w2.vatican.va/content/francesco/la/apost_letters/documents/papa-francesco_bolla_20150411_misericordiae-vultus.html）。

（2）神学的概念としての「いつくしみ（misericordia）」概念の包括的な論考として、W・カスパー枢機卿による以下の文献を参照。Walter Kardinal Kasper, *Barmherzigkeit. Grundbegriff des Evangeliums – Schlüssel christlichen Lebens*, Freiburg i. Br.: Herder, ^{5}2015 (2012). 英訳：Walter Kasper, *Mercy. The Essence of the Gospel and the Key to Christian Life*, translated by William Madges, New York / Mahwah, NJ: Paulist Press, 2014.

（3）聖書における「いつくしみ（misericordia）」概念の用法の詳細につき、W. Kasper, *Barmherzigkeit*, pp. 49-87、英訳：W. Kasper, *Mercy*, pp. 41-82参照。

（4）旧約聖書で「いつくしみ」に相当するヘブライ語の概念につき、教皇ヨハネ・パウロ二世『回勅　いつくしみ深い神』（ペトロ文庫）、カトリック中央協議会、二〇一五年、112―116頁、注52参照。「ヘセド（חסד / hesed）」と「ラフーム（רחום / rachum）」の区別につき、以下を参照。同書、注52（邦訳114頁）：

「ヘセドが自己への忠実、自分の愛に対する責任をとくに言い表し（いってみれば男性的な特徴を帯びているが）、ラハミムは語根からして母の愛をいう（レヘムは母胎と等しい）」。

（5）教皇フランシスコ「イエス・キリスト、父のいつくしみのみ顔」13。また、「いつくしみの特別聖年」の公式ロゴにつき、http://www.im.va/content/gdm/it/giubileo/logo.html 参照。また、教皇フランシスコ「イエス・キリスト、父のいつくしみのみ顔」、邦訳47頁も参照。

（6）トマス・アクィナス『神学大全16』（稲垣良典訳、創文社、一九八七年、338―354頁）：「憐れみについて」（『神学大全』Ⅱ―Ⅱ、第30問題［*Summa Theologiae*, II-II, q. 30］）、トマス・アクィナス『神学大全2』（高田三郎訳、創文社、一九六三年、212―227頁）：「神の正義と憐憫について」（『神学大全』Ⅰ、第21問題［*Summa Theologiae*, I, q. 21］）。

（7）トマス・アクィナスにおける「憐れみ（misericordia）」に関する最近の論考として、Manfred Gerwing, *“Misericordia” nach Thomas Aquin. Bemerkungen zum Barmherzigkeitsverständnis*, in: IKaZ45 (2016) 230–238 参照。

（8）教皇フランシスコにおける「いつくしみ（misericordia）」概念に関する包括的な文献として、W・カスパー枢機卿による以下の文献を参照。Walter Kardinal Kasper, *Papst Franziskus – Revolution der Zärtlichkeit und der Liebe. Theologische Wurzeln und pastorale Perspektiven*, Stuttgart: Katholisches Bibelwerk, 2015. 英訳：Walter Kasper, *Pope Francis' Revolution of Tenderness and Love. Theological and Pastoral Perspectives*, translated by William Madges, New York / Mahwah, NJ: Paulist Press, 2015.

（9）聖ベダ（聖ベーダ・ヴェネラビリス Beda Venerabilis）「説教二一（Homelia21）」（*Corpvs Christianorvm*, Series Latina 122, 148-155 [PL 249-256]）。

（10）Beda Venerabilis, *Homelia21* (CCL 122, 149f. [PL 251f.]): "*Vidit ergo publicanum et quia miserando atque eligendo uidit, ait illi : Sequere me.*"

（11）教皇フランシスコの優れた伝記として、以下を参照。Austen Ivereigh, *The Great Reformer: Francis and the Making of a Radical Pope*, London: Allen & Unwinn, 2014. 邦訳：オースティン・アイヴァリー『教皇フランシスコ　キリストとともに燃えて――偉大なる改革者の人と思想』（宮崎修二訳、明石書店、二〇一六年）。なお、教皇フランシスコ（ホルヘ・マリオ・ベルゴリオ）の召命体験については、同書、pp. 35–39（pp. 68–75）参照。

（12）Papa Francesco, *La Chiesa della misericordia*, a cura di Giuliano Vigini, Milano: San Paolo, 2014, p. 13. 邦訳：教皇フランシスコ『教皇フランシスコ　いつくしみの教会――共に喜び、分かち合うために』栗栖徳雄訳、明石書店、二〇一五年、18頁。教皇フランシスコ「ローマ司教座着座式ミサ説教（*Insediamento del Vescovo di Roma sulla Cathedra Romana*）」（二〇一三年四月七日）："Com'è bella questa realtà della fede per la nostra vita: la misericordia di Dio! Un misericordia così grande, così profondo quello di Dio verso di noi, un amore che non viene meno, sempre afferra la nostra mano e ci sorregge, ci rialza, ci guida." (http://w2.vatican.va/content/francesco/it/homilies/2013/documents/papa-francesco_20130407_omelia-possesso-cattedra-laterano.html)

ゆるしの秘跡における神の慈しみ

具正謨

1　はじめに

教皇フランシスコは二〇一五年十二月八日から二〇一六年十一月二十日までを「いつくしみの特別聖年」と制定しました。聖年のモットーである Misericordes Sicut Pater（公式の日本語訳は「いつくしみ深く　御父のように」になっています）には二つの意味があると考えられます。第一に、慈しみとは神様の性格、あるいは本質を表すことばであるということ、ここで使われている父のイメージとは、イエスがルカによる福音書の15章のたとえ話で示した父の姿でありますでしょう。第二に、教会は父なる神から慈しみという賜物を預かっている共同体であり、それゆえ、教会も慈しみを示すことによって、イエス・キリストのしるし（＝秘跡）になるよう呼びかけられているということです。

キリスト教の共同体は最初期から「ゆるし」こそがイエス・キリストを通して示された神の慈しみであると理解し、共同体員たちは、互いにゆるしあうことが福音であると理解しました（ヨハネ13・14—15、20・23、Ⅱコリント5・18—19など参照）。

ゆるしの秘跡はこのようにイエスからゆるしを体験した弟子たちの記憶を現在化するために発展した制度です。その原型はすでに新約聖書の中に確かめられますが、今日は、ゆるしの秘跡がどのように神の慈しみと関わっているのかについて、聖書の思想を中心にして一緒に考えたいと思います。

2　キリスト教福音の本質としてのゆるし

「愛（アガペ）とゆるし」は、キリスト教福音の中心テーマです。二つは密接に結びついており、神のゆるしは無償かつ無限の愛の結実として与えられるものです。すなわち、神秘である神はご自分を愛とゆるしという形で啓示されるのです。

キリスト教を超えて考えても、愛とゆるしは人間に与えられたもっとも深い神秘の一つだと考えられます。人間が他者を愛したり、ゆるしたりできるのは、その人間が自分は神（あるいは他者）に愛され、ゆるされていると感じるからでしょう。神の愛とはっきり自覚しない場合でも、人は他者の愛の中に愛とゆるしを覚えます。誰かから愛され、ゆるされたという体験は最終的には神が自分を無償で無限に愛し、ゆるす方であるという神秘を受け入れるための大切な記憶になると思います。

ローマ・カトリック教会の秘跡の一つである「ゆるしの秘跡」は、このように、ゆるしという形でご自分を啓示なさった神への信仰を前提として行われてきました。

神のゆるしについて考える時には、先に罪について理解しておく必要があります。そして罪について考える前に、人間に本来ふさわしい生き方とはどのようなものであるか、聖書はそれについてどのように語っているかを確認しておくべきです。

神がどのような存在として人間を創造したかについて創世記は次のように語っています。「我々にかたどり、我々に似せて、人を造ろう」（1・26）。すなわち、人間は神の似姿として造られたと聖書は考えます。さらに「神はお造りになったすべてのものを御覧になった。見よ、それは極めて良かった」（同1・31）とあるように、神はあらゆる被造物を「極めて」良いものとして祝福して、それらすべてを神の代わりに世話し、管理するように人間に任せました。

アウグスティヌス以来の原罪思想が広く知られているためか、キリスト教はいわゆる性悪説をとっていると感じる人もいるようですが、聖書のはじめで人間は神の似姿であり、根本的に善いものであると示されています。人間は神のいのちと愛のうちに生きるのが最も自然な姿であり、その本質は何によっても捻じ曲げられることがないものです。

しかしながら、人間はともすると神から離れ、蛇の誘惑にかられます。人間は神の声に従うこともでき、同時に蛇に象徴化されるサタンの声に従うこともできる、両義的な存在なのです。そして罪を犯した結果、人間はすぐ自分の恥を隠そうとします（創世記3・4―7参照）。

人間の罪の状態のことを聖書は「死」「闇」「憎しみ」「恥」などといった言葉で表現します。神の愛を忘れて死や憎しみに心を動かされることによって生じる現象です。パウロが「わたしは自分の望む善は行わず、望まない悪を行っている」（ローマ7・19）と書いている通りです。このように人間の本来のあり方と現実の間の差異を反省して、初めて聖書における「罪」概念は見えてきます。よって、キリスト教における「罪」の状態は現代社会で一般的にその語から連想される「犯罪」のように、法律をはじめとする社会的ルールから逸脱した状態と必ずしも一致しないことを忘れてはなりません。法律は表面的な結果によって犯罪を判断しますが、信仰における罪はむしろ人間の内面と関わります。神との間に距離を置いてしまった心の状態のことを聖書では罪と呼びます。

英語ではゆるしの秘跡のことを "the Sacrament of Penance and Reconciliation" と呼びます。まず、penanceとは、悔い改めや回心と訳される言葉で、そもそもはギリシア語のmetanoiaと関係する言葉です。ゆるしの秘跡の規範版の名前はラテン語でordo paenitentiaeと呼ばれていますが、paenitentiaがpenanceの原語に当たります。Paenitentiaを聖書的に解説しますと、人が死から命へ、闇から光へ、憎しみから愛へ、エゴイズムから他者へと方向転換し、「罪」の傾向から離れて神のもとへ向かっていく態度のことを指します。

次に、reconciliationも聖書に由来します。パウロがコリントの信徒への手紙二で、「神は、キリストを通してわたしたちを御自分と和解させ、また、和解のために奉仕する任務をわたしたちにお授けになりました。つまり、神はキリストによって世を御自分と和解させ、人々の罪の責任を問うことなく、和解の言葉をわたしたちにゆだねられたのです。ですから、神がわたしたちを通して勧めておられるので、わたしたちはキリストの使者の務めを果たしています。キリストに代わってお願いします。神と和解させていただきなさい」（5・18―20）と言います。和解とは、神のもとへ立ち戻って自らが神の敵ではなく神への愛に生きる者であることを相互に確認し、神と仲直りすることを表します。それゆえ、回心と和解は互いにかかわりを持っている人間の態度を示します。

第二バチカン公会議前にゆるしの秘跡のことを日本語では「告解」と呼んでいましたが（実は今も多くの人がそのように呼んでいます。例えば、ゆるしの秘跡が行われる場所を告解室と呼ぶとか）、ここで「告解」と訳されたラテン語confessioは、罪を自ら告白するという意味だけではなく、信仰を告白するとの意味をも含んでいます。

このように、ゆるしの秘跡に使われている用語を見ても、ゆるしの秘跡は単なる謝罪や懺悔というよりも、神との関係（交わり）の回復とその宣言という意味合いの方が強いことが分かります。この神との関係の回復こそが本当の「悔い改め」であり、この時に人間は自分に与えられた神のゆるしに出会うのです。しかし、ヨハネが神の愛について「わたしたちが神を愛したのではなく、神がわたしたちを愛した」と書いているように（Ⅰヨハネ4・10）、人間が悔い改めるから神がゆるすのではなく、神のゆるしが先にあって、悔い改めが可能になるのだとキリスト教は考えます。神の呼びかけに気がついて悔い改めた人間が、与えられた恵みを「ゆるし」として理解するのです。第二バチカン公会議後に日本語では「ゆるしの秘跡」と称されるようになりましたが、ここでゆるしを意味するforgivenessは「前に（fore）＋与えられる（given）」という語源を持っています。神のゆるしは、人が受け入れるや否や、すでに慈しみの神より与えられているものであるのです。ゆるしの秘跡は、人間のそのゆるしへの気づきを促す儀式と言えるでしょう。

福音書に示されるイエス・キリストの物語は、キリスト教にとって、神と人間の究極的な和解を示します。イエスはその生き方や死に方を通して、当時の弟子たちのみならず後世に聖書を読む我々にも、人間と神との新しい関係のあり方を示しました。福音について書かれた書物が「新しい契約の聖書」すなわち「新約聖書」と呼ばれるのは、イスラエルの民と神の契約を信じる旧約思想の流れを汲んでいるからです。福音書は洗礼者ヨハネ（マタイ3・2）とイエス（同4・17）の「悔い改めよ。天の国は近づいた」という声から始まっています。この箇所はイエスが宣べ伝えた福音が神との和解、すなわち神のゆるしであることをシンボリックに示してくれます。

イエスは生前、様々な「罪人」たちと触れ合うことで神のゆるしを体現しました。例えばヨハネによる福音書では、姦通を犯した女を人々が石で打ち殺すのを止め、彼女に「わたしもあなたを罪に定めない。行きなさい。これからは、もう罪を犯してはならない」（8・10）と言って送り出しています。当時の律法社会では、聖書に「重い罪」と定められていることを犯せばもはや救いはなく、姦通の罪には死をもって報いるのが当然でした（レビ記20・10、申命記17・5参照。なお、出エジプト記の20章と申命記5章における十戒においても神の掟として定められている）。しかし、イエスはモーセの律法を超える神の恵みをゆるしという形で与えました。ヨハネはイエスの言葉を「わたしも罪に定めない」と記しますが、これはイエスを通して示された神の啓示であったのです。すなわち、イエスの言葉は人々の寛大な考えを代弁するだけではなく、また、モーセの律法を提示しただけでもなく、その場でその女性に必要とされる恵みの言葉を神はイエスを通して語ったのです。

それゆえ、この場面は単にイエスが危機に直面した一人の人を臨機応変に助けたことにとどまるものではありません。イエスは神の子として、彼女の生命を根源から救ったのです。「行きなさい。これからは、もう罪を犯してはならない」という言葉は、救われた人間がこれから生きる新しい方向性を示します。彼女はこの場面から助けられたことによって、全く新しい生き方（「行きなさい」とおっしゃるイエスが示す方向性は神の慈しみを生きていた罪以前のアダムとエバの生き方でしょう）を生きることになります。彼女は今までの、絶望という「死」に限りなく近い淵から呼び戻され、「いのち」に向けて歩ませることで新たな人生が与えられたのです。心理学の話によると、人間にとって最も難しいことの一つは他人をゆるすこと（そして自分をゆるすこと）のようです。私見ではありますが、神の恵みなしには人が本当に他人や自分をありのままゆるす（受け入れる）ことはできないと思います。新約聖書では律法学者たちやファリサイ派の人々の考えを「ただ神のほかに、いったいだれが、罪を赦すことができるだろうか」（ルカ5・21）として伝えます。逆説ではありますが、このことは本当だと思います。イエスが真のゆるしを伝えることができたのは、それが神の恵みだったからです。

イエスが当時「罪人」と呼ばれていた人々とすすんで共に過ごしたことはよく知られています。例えば、徴税人のレビを自分の弟子として、彼の家で多くの徴税人と共に宴会を開いたり（ルカ5・27―29）、ザアカイという徴税人の頭の家に泊まったり（同19・1―10）しました。当時の厳格な律法主義的な社会環境から考えると、罪人と呼ばれ差別を受けていた彼らにとって、他者から無条件の憐れみを受ける機会はほとんどなかったでしょう。イエスは彼らと共に食卓を囲み、あるがままのその人を大切に扱いました。このことは、先ほど聖書における創造観でも述べましたように、神の似姿として、神によって造られた人間の本質は「何によっても捻じ曲げられることがない」ものであることをイエスは罪人との付き合いを通して示してくださいました。人間は自分の力ではこの本質の深さをつかむことができないと思います。しかし、イエスは「あなたは、無条件に愛される存在である」ことを直接に示してくださいました。

イエスに声をかけられたレビとザアカイは共通して「立ち上が」ったと聖書は表現します。先ほどのヨハネに登場する女性も、その他、イエスによって癒しとゆるしを体験したすべての人は立ち上がります。これは単なる身体的な起立ではなく、新たないのちを生き始めることをも象徴的に示しています。これはイエスご自身が復活によって「死から」立ち上げられたことに深くかかわりを持つ体験です。すなわち、イエスによって立ち上げられたということは、イエス自身が父なる神によって死から復活させられたことに与るということにつながります。

パウロはローマ書でキリスト教の信仰の本質について次のように圧縮した形で伝えます。「イエスは、わたしたちの罪のために死に渡され、わたしたちが義とされるために復活させられたのです」（4・25）。この信仰内容を復活の叙唱Iでは次のように表します。「わたしたちの過越キリストは……ご自分の死をもってわたしたちの死を打ち砕き、復活をもってわたしたちにいのちをお与えになりました」。

このローマ書と復活の叙唱はキリスト者が信じる過ぎ越しの神秘を要約してくれます。イエスの死とイエスの復活は、私たち人類の救済と深く関わっているということです。まず、イエスの死は私たちが死（あるいは罪）の状態から救われるためです。そしてイエスの復活は私たちが新しい命に生きるための究極のリアリティーを提示します。

イエスの死は、それによって彼の宣べ伝える福音に終止符が打たれるようなものではなかったのです。かえって、「死」に打ち勝つ「いのち」を身を以て示し、それを受けた彼の弟子たちによって神のゆるしの福音はますます広がっていく結果となったのです。キリスト教のミッションは、この神秘を常に現在化させる神の恵みを証しすることです。それを現在化させるために発展したものの一つが「ゆるしの秘跡」なのです。先に述べたように、ゆるしは神が先に与えているものでありますが、その神の愛を忘れていたり、気づいていなかったり、拒絶している人は、人間が本来持っている善さや神のいのちと愛を見失ってしまいます。儀式としてのゆるしの秘跡は、秘跡を受ける人間が真のいのちと再び結びつき、神との交わりを回復することで、神の愛とゆるしに目を開くことができるよう促すサクラメントなのです。

3　ゆるしの秘跡の儀式書にみられる要素

次には、ゆるしの秘跡の儀式書に表れる特徴を見ながら、考えてみたいと思います。

まず、儀式書はゆるしの秘跡の土台がキリストの過ぎ越しの神秘にあるということを確認します。先ほど引用したローマの信徒への手紙4章25節の「わたしたちの罪のために死に渡され、わたしたちが義とされるために復活させられた」ことがゆるしの秘跡の根拠になっています（緒言1）。

第二に、キリストの過ぎ越しの神秘によってもたらされたゆるしは、教会のサクラメント、すなわち、洗礼、堅信、ミサ、ゆるしの秘跡、病者の塗油、婚姻の秘跡、叙階の秘跡のすべてに及ぶ恵みです。先ほど述べたように神の恵みとしてのゆるしはいつも先に与えられています。儀式の形をとっている諸秘跡はすべて神の恵みとしてのゆるしを目に見える形で表すものでありま す（緒言2）。

第三に、その中でも特にゆるしの秘跡は絶え間なく回心し続ける信仰者を助け、新たに聖霊に満たされるための秘跡です。ゆるしの秘跡を通してより深く神の慈しみを体現するためには、①

悔い改め、②告白、③償い、④赦免という四つの要素が必要です（緒言6）。

儀式書は「悔い改め」のことを「犯した罪を悲しみ、忌みきらい、再び罪を犯さない決心をすること」（緒言6―イ）とし、ゆるしの秘跡の四つの要素の中でも「最も大切なもの」であると強調します。少し神学的に説いて述べますと、悔い改めとは、自分の存在の根拠としての尊厳に気付くことだと言えます。アダムとエバの例でも見たように、人はそもそも神によって造られたものとしての尊厳を持っていますが、自らの間違いによってその感覚を失うことがあります。ルカによる福音書15章の放蕩息子の譬えはそれをよく示してくれるものです。アダムとエバの行為と放蕩息子の行為はある意味でつながっているものです。神から離れることによって自由を得ようとしますが、結局得たのは自由ではなく、実存的な悲惨さであります。しかし、ルカによる福音書は「彼が我に返った」としるし、そのあとの彼の回心した状況を次のように表します。「そこで、彼は我に返って言った。『父のところでは、あんなに大勢の雇い人に、有り余るほどパンがあるのに、わたしはここで飢え死にしそうだ。ここをたち、父のところに行って言おう。「お父さん、わたしは天に対しても、またお父さんに対しても罪を犯しました。もう息子と呼ばれる資格はありません。雇い人の一人にしてください」と』」（15・17―19）。

規範版のミサ典礼書では聖体拝領の直前の信仰告白として「私は資格がありません」という言葉を使いますが、これは百人隊長がイエスを自分の家にお迎えすることへの恐縮さを表すものです（マタイ8・8参照）。この表現は神の前に立たされた人間の一番深くて素直な気持ちを表すものではないかと思います。神から無限で無償の愛を受けながらも、神から離れた状況に自分があるという、人間の自己認識です。

「私は資格がありません」。これは神から離れることによって見失ったものを自覚する瞬間の告白です。そもそも神から与えられた尊厳の感覚を見失ったということへの自覚です。現代は様々な技術文明が発展した便利な時代ではありますが、人間一人一人への尊厳への自覚はそれほど深まっていないような気がします。

さて、次に来るのが「告白」です（緒言6―ロ）。告白は「神のみ前においてありのままの自己を認識し」、言葉で自分の罪を表すことでありますが、「このような内的な反省（心の糾明）と外的な告白は、あわれみ深い神に照らされて行われる」ものです。すなわち、悔い改めも、告白も、まずは神の恵みがあって可能であると儀式書は認識しています。一見、悔い改めも告白も人間の行いに見えますが、そのような行為が可能なのは神の恵みがあるからだというのがキリスト教の基本的な考えです。トマス・アクィナスは恵みを様々な形で分類しましたが、このように人が回心を成し遂げることができる方向に人間を向かわせるものを「助力の恵み」と呼びました。

少し余談になりますが、現代の相談心理学でも来訪者が自分のありのままをカウンセラーに語ることが治療のために非常に重要であると考えます。そのためにはカウンセラーに対する信頼が大事だといわれます。

告白もありのままの自分を神の前にさらけ出すことです。しかし、告白は同時に聴罪司祭という人間に向かって語るものでもありますから、勇気がいります。同じくルカによる福音書の15章では、罪の告白とは何かについて美しく描いています。「そして、彼はそこをたち、父親のもとに行った。ところが、まだ遠く離れていたのに、父親は息子を見つけて、憐れに思い、走り寄って首を抱き、接吻した。息子は言った。『お父さん、わたしは天に対しても、またお父さんに対しても罪を犯しました。もう息子と呼ばれる資格はありません』」（20―21節）。

ここで注目すべきことは放蕩息子を迎え入れる父親の態度です。おそらく20節の「ところが」から始まる父親の姿は息子が家出をしてからずっと待っていたことを示してくれるものでしょう。長く待っていた父親は遠くからその息子が来るのを見て、先に走って息子を迎えます。この父の姿はイエスが伝えようとした父なる神の姿です。父なる神は息子である人間を、彼（女）が悔い改める以前に、告白する以前に、彼（女）をゆるしているのです。ゆるしというと私たちは何だか上からの目線を感じますが、ここで示されている父の姿には全くそのようなものはみられません。ここでは父親としての憐れみだけがあるのです。

「放蕩息子の帰還」（レンブラント）

「赦免」はゆるしの秘跡を「完了」させるものです（緒言6―ニ）。司祭が与える赦免の言葉は次のように続きます。「全能の神、あわれみ深い父は御子キリストの死と復活によって世をご自分に立ち帰らせ、罪のゆるしのために聖霊を注がれました。神が教会の奉仕の務めを通してあなたにゆるしと平和を与えてくださいますように。わたしは、父と子と聖霊のみ名によって、あなたの罪をゆるします」。

この文章では、まずこのゆるしの恵みがキリストの過ぎ越しの神秘と深く関わっていることを示してくれます。過ぎ越しの神秘は全能で憐れみ深い神によって全人類に与えられた恵みです。過ぎ越しの神秘は今や教会に注がれる聖霊の働きによって続けられています。それゆえ、司祭は教会のうちに働いている聖霊の恵みを通して、三位の名によって告解者の罪をゆるすのです。

赦免とは何かをルカによる福音書の15章の同箇所は次のように述べます。「しかし、父親は僕たちに言った。『急いでいちばん良い服を持って来て、この子に着せ、手に指輪をはめてやり、足に履物を履かせなさい。それから、肥えた子牛を連れて来て屠りなさい。食べて祝おう。この息子は、死んでいたのに生き返り、いなくなっていたのに見つかったからだ。』そして、祝宴を始めた」(22—24節)。

22節の始まりが「しかし」となっていることに注目すべきでしょう。放蕩を尽くした息子が帰ってきて罪を告白したすぐ後の父親の様子です。父親にとって息子は自分の名誉や財産より大事なものです。どんな罪も父親の愛に勝るものはありません。息子が罪のゆるしを乞うために父親に戻ったこと自体がすでにゆるしの体験につながります。父親として示される神は私たちがゆるしを乞う前にすでにゆるしを与える方であることが、ここでも確認できます。この箇所では何より父親の喜びが感情として伝わります。宴会の様子はその気持ちを伝えます。すなわち、赦免とは神の喜びに罪びとなる人間が与ることです。それはアダムとエバが堕落する前に味わっていた愛といのちの現実です。何回も繰り返して述べますが、神によって神の似姿として造られた人間の本質の尊さは何によっても捻じ曲げられることができないのです。一瞬罪によって見失われていたかのように見えた人間の尊さが、神の慈しみのうちに新たに回復する瞬間です。これはあくまでも認識論的な回復です。存在論的には何の変わりがないからです。

最後に来るのが「償い」です（緒言6―ハ）。儀式書は償いのわざと程度について「回心者が乱した秩序を回復し、また、わずらった病からいやされるように、その回心者につり合うもの」であると示します。すなわち、償いは赦免によって与えられた神のゆるしを実際の生活で生かすための実践的な試みです。回心者は、ゆるしは受けたものの自分の罪によってつけてしまった傷はまだ完全に治っていない状態です。その傷が徐々に回復するためには慎重な歩みが必要です。人は習慣的な存在なので、常に自分が陥りやすい罪の傾向と対面しながら新しい生活を送らなければなりません。最近ある有名な運動選手が覚せい剤取締法違反で逮捕されました。日本語では中毒や依存症という言葉を使って、アルコールやたばこやギャンブルなどにはまった状態を表します。最近は青少年のインターネット依存やスマートフォン依存が話題になっていますが、このようにある習慣は人をダメにさせる方向に向かわせるのです。そしてそのような習慣は一気に治りません。時間をかけてゆっくりと改善を試みる必要があります。古代教会は償いの制度を共同体的な次元で行いました。回心者を見守るためです。そして時間も非常に長くかかりました。ある時は一生をかけるものとしても考えられ、そして特に中世においては償いが神の罰の一環として考えられたり、あるいは免償符（免罪符ではありません！）を金銭で売ったりするような乱用もありましたが、償いの本来の意味は、罪によって乱された人間の実存的な秩序を神の愛といのちのうちに回復させるものです。

同じくルカによる福音書の19章では償いの意味を伝えるよい例があります。「ザアカイは立ち上がって、主に言った。『主よ、わたしは財産の半分を貧しい人々に施します。また、だれかから何かだまし取っていたら、それを四倍にして返します』」（8節）。

ここで注目すべきことはザアカイ自らが償いを果たす決心を示すということです。それは強制的なものではなく、喜びのうちに起きる決心です。もし自分がゆるされたという自覚とその自覚から来る真の喜びがなければ、このような発言は不可能ではないでしょうか。ザアカイは自分がゆるされたという自覚があったからこそ喜んで償いの決心をすることができたのでした。

教会の中で長い間、償いがまるで債務者の果たすべき義務のように考えられた時期がありました。しかしそれは本当の意味での償いの意味とは異なるものだと考えられます。そもそもイエスはザアカイに何かを強制して無理矢理に直そうとする意図がありません。ただ、彼の存在に気づき、彼の深い望みに答える形として、一緒に食べ、一緒に話し、一緒に過ごしただけでした。でも、その一緒にいる間に、ザアカイに何か自分の存在の根拠に気づくような大切な体験があったでしょう。そしてその体験が彼を喜びに満たし、その喜びが償いへの決心につながったのでした。

4 結びに

以上、簡単にゆるしの秘跡の観点で神の慈しみについて考えてみました。今まで語ったことを要約すると次の通りになります。

・ゆるしの秘跡は、司祭や悔悛者（告解者）の行為である以前に、何より神のイニシアティブによる恵みの行為である。それがforgivenessの意味である。
・ゆるしの秘跡は神によって与えられる赦しの恵みを具現化する一つの道として教会の伝統の中で大切にされてきた。
・すべての秘跡がそうであるように、ゆるしの秘跡は祝い（celebration）の場である。赦しの秘跡はキリストの過ぎ越しの神秘を自分の現実として祝う。
・ゆるしの秘跡において神の聖霊が働く。神の恵み、キリストの現存は神の霊の注ぎによって示される。
・教会はゆるしの秘跡の主管者としてイエス・キリストの名によって行う。教会は儀式的な祝いを主導する。その意味で教会はキリストの慈しみを示すサクラメントである。

最初にも述べましたが、人間にとって「自分がありのままゆるされた」という自覚はそれほどたやすい体験ではありません。今の自分が何の条件なしに、無償の形で神からゆるされたという自覚は、実は非常に難しい体験であります。なぜ難しいのでしょうか。私たちは幼児体験から常に責任と義務が伴う社会生活に慣れているからだと思います。私たちは、よくやれば褒められ、失敗すれば叱られるという人間社会の枠の中で生きる存在なのです。他人に対しても同じ基準で判断する。その意味で、キリスト教が伝えようとする「ゆるし」は、対（抗）文化的（ここで文化ということはキリスト教内の既存の情緒も含みます）、あるいは超社会的な側面を持っていると考えられます。現代における教会の大切な使命の一つは、この一般社会的には理解しがたい、無償で無条件の神の慈しみを伝えることです。そのために、教皇フランシスコも特別聖年を発布されたと考えます。

第Ⅱ部　教会や世界における「いつくしみ」

赦しと和解——慈しみの心に生かされて

竹内　修一

はじめに

私たちの中に、一人として、完全な人間と言える人はいません。つまり、すべての人は、それぞれの弱さ・欠点を持っているのです。そのような私たちが、ともに生きていくにあたって必要なことは何でしょうか。それは、自らの弱さ・欠点を謙虚に認めるとともに、同じような周りの人を受け容れていくことです。それは、互いに赦し合うことなしには、不可能です。そして、この赦しによって、私たちは、真の和解を体験し、真の平和へと導かれます。この平和こそ、神が私たちに与えられる慈しみの体現にほかなりません。

以下において、まず、赦しと和解が可能であることを、米国における「ジャーニー・オブ・ホープ」（希望を追い求める旅）を参考にして考察したいと思います。それから、聖書の言葉を手掛りとして、人間の現実、赦しと和解によって与えられる平和、そして、いのちそのものである神の働きに思いを馳せたいと思います。

1　ジャーニー・オブ・ホープ――癒しは赦しによって

人を裁くな。そうすれば、あなたがたも裁かれることがない。人を罪人だと決めるな。そうすれば、あなたがたも罪人だと決められることがない。赦しなさい。そうすれば、あなたがたも赦される。
（ルカ6・37）

「ジャーニー・オブ・ホープ」と呼ばれる旅が、一九九三年以来毎年秋に、米国で行われています。二週間に及ぶこの旅は、殺人を犯した死刑囚の家族と被害者の遺族が、ともにそれぞれの体験や思いを語りながら、死刑廃止を訴えて行くというものです。「ジャーニー」の主催は、「和解のための殺人事件被害者遺族の会（Murder Victims Families for Reconciliation – MVFR）」という、極めて稀な市民団体です。

この活動について、坂上香さんが、『癒しと和解への旅――犯罪被害者と死刑囚の家族たち』（岩波書店、一九九九年）において、ルポルタージュとしてまとめています。その中に、次のような箇所があります（156―159頁）。

「私は癒されたの」

アバは何のためらいもなく、そう言い切った。

「娘を殺したダグラスに手紙を送った瞬間、私は癒されたの」

確信しているような強い口調だった。人間はある瞬間、突然癒されるものなのだろうか。いや、そんなはずがない。私のなかで、そんな問答がくり返されていた。

「ダグラスにあてた手紙を書いたのは、キャスリンの誕生日だった。その手紙のなかで、キャスリンは生きていれば今日で三五歳になっていた、と書いたの。そして彼は返事を書いてきたわ。その手紙を見せてあげる」

そう言うと、机の引き出しから、一枚の紙を取り出し、その文面を読み上げた。

「こんにちわゲイルさん。七月三〇日付けの手紙を受け取りました。キャスリンさんが三五歳になって結婚生活を送り、子どもたちに囲まれて楽しい生活を送っている姿を思い浮かべるだけで、私は身体を丸く縮め、この世から消え失せてしまいたいと思うのです。彼女はこの世にもういないから……」

アバは満面に笑みを浮かべ、ダグラスからの手紙を読み続けた。

「ダグラスを赦すという決断をして、犯人に手紙を書き、その手紙をポストに投函した時に聞こえた音……。それで、怒りや苦しみや憎しみのような暗い気持が一瞬にして消え去ったのよ。何ともいいがたい喜びと愛情に満ちあふれた感情がその瞬間生まれたの」

アバはさらにこの時の感情を「夢のパラダイスに到着したような興奮」と形容した。宙に浮いたような感じで、とてもドラマチックだったと言った。

この間、アバが「赦す」という言葉と「癒す」という言葉を同義的に使っていることに気がついた。

アバは人が癒されるためには相手を赦す必要がある、と何度もくり返した。しかし、MVFRのメンバーの圧倒的多数は、犯人を赦してはいない。アバはそのことに少なからず不満を感じているようで、次のように言った。

「私がジャーニーに参加するのは、『赦すこと』が『癒されるため』の答えだということを皆に知らせるためなの。『赦し』は他人を赦すことではなく、自分へのなぐさめなのよ」

そこで、私は正直に、彼女の言っていることがどうもよく飲み込めない、「赦す」ということはどういうことなのか、と投げかけた。アバは少し考えてから、

「怒りや憎しみは非生産的だと思わない？　犯罪者にとってはそんなもの痛くもかゆくもないのよ。それよりも、そういう感情を抱く本人を破滅に追いやり、破壊させてしまうことになる。精神的にも肉体的にもよ。病気や自殺にまで追い込んでしまうんですもの。だから、『赦す』ということは、そういった怒りや憎しみという感情から解放されること」

と言い、私の顔をのぞき込んだ。私は間髪を入れずに、アバ自身が癒された、または赦したと感じるまでに、どのぐらいかかったかと聞いた。

「一二年」

アバはすかさず、そう答えた。

しかしその時、一二年という、とてつもなく長いはずの歳月が、私には重みを持って迫ってこなかった。そこで、何かきっかけになるような大きな出来事がなかったかと聞いてみた。

「とくになかったわ。小さなことの積み重ねよ」

アバはそう言ったうえで、瞑想のクラスに通い始めたことが大きかったかもしれない、とつけ加えた。怒りを取り除き、平静を取り戻すために、二年間通い続けたという。そして次のようなエピソードを話してくれた。

「ある日そのクラスで『赦し』についてディスカッションをしていた時、参加者のひとりの女性が『赦すためには相手に赦したことを知らせなきゃ』って言ったの。なんてこと言うのかしら、と思ったわ。私自身、ダグラスを赦そうと努力していた時期だけど、彼と直接話すなんて不可能だと思ったわ。それで彼女と言い争いになって……。それから四年間かかったわ。

ある日、車を運転している時に理解したのよ。ちょうどその日は友人から新聞記事が送られてきて、ダグラスの死刑執行日が設定されたことを知った日だった。突然、『ダグラスを赦しなさい』っていうお告げのような声が聞こえたのよ」

アバは見せたいものがあるからと、私をベッドルームへと案内した。

部屋の中央にはベッドがあり、その両脇の壁には絵がはってあった。近づいてよく見ると、布製のキャンバスに描かれた、エスニック色の強い、エジプト風の油絵だった。

アバが絵に近づいてうれしそうに、そして誇らしげに言った。

「これは、ダグラスが私のために描いていた頃だから、三年前かしらね。私の誕生日にプレゼントしてくれたの。サンタバーバラに住んでいた頃だから、三年前かしらね」

私は驚いて、再び口をぽっかり開けた。娘を殺した犯人が描いた絵を、どう見ていいのか戸惑った。しかも、その絵に囲まれて眠る、というのはどういうことだろう。私の理解をまったく超えていた。そして次の言葉に、私の驚きは極致に達した。

「ダグラスは私にとってかけがえのない人よ。さまざまなことを教えてくれたし、彼を知ることが癒しのプロセスのひとつでもあったから」

私は耳を疑った。アバは娘を殺した犯人を赦しただけでなく、「かけがえのない人」と呼んだのだ。

赦しについて、二つの点を確認したいと思います。まず、赦しをただ単に知的に理解するのは簡単なことではない、ということです。なぜなら、赦しは、論理で整理されるようなものではないからです。さらに言うなら、人間は、論理だけで生きているのではないのです。次に、赦しはプロセスである、ということです。言い換えれば、赦しは瞬間的になされるようなものではなく、やはり、それなりの時間と人間の労苦を伴うものなのです。

このような赦しは、いったい、可能なのでしょうか。おそらく、それは、簡単ではないけれど不可能ではない、と思います。殺人のように、事柄が重大なことであればあるほど、難しいだろうことは推察できます。しかし、もしそのような状況であっても、真の赦しがなされるとするならば、それは、一つの奇跡であると言ってもよいかもしれません。奇跡とは、人間の努力によって生じるものではなく、それを超えたものの働きによるものでしょう。そこに神が働いた、と言ってもよいかもしれません。

「人が癒されるためには相手を赦す必要がある」――赦しと癒しは、不可分離の関係にあることが語られます。人間同士であっても、国同士であっても、復讐合戦をしているかぎり、そこには真の赦しも真の癒しもありません。しかし、赦しが一旦生まれたならば、事態は変わります。そこには癒しが与えられ、真の平和が訪れるでしょう。そして、そこに私たちは、神の平和を見出すことができるでしょう。

私たちは、赦されているからこそ、赦しの道を知っている。癒されているからこそ、癒しの道を知っている。神を知っているからこそ、神の道を知っている。私たちに与えられている恵みは、私たちが、それを他の人に与えるための恵みである。

（『マグニフィカト』二〇一六年十月、第18巻第8号187頁）

2　人間の現実

弱さ

「なぜ人間は不完全なのだろう」――この問い掛けは、私たちに、さまざまな思いを抱かせます。確かに、この世に完璧な人などいないでしょう。さらに言うなら、そのような人を思い描くことさえできません。この不完全性は、弱さ・欠点と置き換えてもよいかもしれません。人間は、誰しも、大なり小なりさまざまな弱さ・欠点を持っています。これが、私たちの現実です。

ともすれば、私たちは、そのような弱さ・欠点を隠そうとします。つまり、それらを、ただ単に消極的なものとして見ているのです。しかし、私たちは、それらを積極的に見ることもできます。つまり、私たちは、それらによって謙虚になり、自分という存在をより客観的に観ることができたり、また他の人々との関係を築いたりすることができるのです。

パウロは、このような人間の現実を確かに観ることのできた人物の一人です。多くの苦しみを体験してきた彼は、最晩年の手紙「ローマの信徒への手紙」の中で、次のように語ります。

わたしは、自分のしていることが分かりません。自分が望むことは実行せず、かえって憎んでいることをするからです。もし、望まないことを行っているとすれば、律法を善いものとして認めているわけになります。そして、そういうことを行っているのは、もはやわたしではなく、わたしの中に住んでいる罪なのです。わたしは、自分の内には、つまりわたしの肉には、善が住んでいないことを知っています。善をなそうという意志はありますが、それを実行できないからです。わたしは自分の望む善は行わず、望まない悪を行っている。（7・15―19）

パウロは、弱さにおいてこそ神の恵みは豊かに注がれる、と語ります。

そのために思い上がることのないようにと、わたしの身に一つのとげが与えられました。それは、思い上がらないように、わたしを痛めつけるために、サタンから送られた使いです。この使いについて、離れ去らせてくださるように、わたしは三度主に願いました。すると主は、「わたしの恵みはあなたに十分である。力は弱さの中でこそ十分に発揮されるのだ」と言われました。だから、キリストの力がわたしの内に宿るように、むしろ大いに喜んで自分の弱さを誇りましょう。それゆえ、わたしは弱さ、侮辱、窮乏、迫害、そして行き詰まりの状態にあっても、キリストのために満足しています。なぜなら、わたしは弱いときにこそ強いからです。（Ⅱコリント12・7―10）

罪

弱さは、しかし、端的に「罪」ではありません。確かに、パウロのこの呻吟は、人間の現実を表していますが、彼は、その原因を罪にみます。人間は、本来、統一された存在でありながら、同時にまた、自らの中に分裂した自己自身も見出します。この現実が起因するもの、それが、罪にほかなりません。この場合の罪とは、しかし、個々の具体的な悪い行為ではなく、そのような行為へと私たちが誘われ、それに同意してしまう人間の（心の）状態《ありかた》を意味します。パウロは、それを「肉」という言葉で表現します。肉は、確かに、人間の弱さを表しますが、同時にまた、そこにおいて神の恵みが注がれる場でもあります。

先に引用したローマの信徒への手紙7章の続きにおいて、パウロは次のように語ります。ここにおいて、罪は、擬人化され、心の法則と罪の法則との葛藤が描かれます。

もし、わたしが望まないことをしているとすれば、それをしているのは、もはやわたしではなく、わたしの中に住んでいる罪なのです。それで、善をなそうと思う自分には、いつも悪が付きまとっているという法則に気づきます。「内なる人」としては神の律法を喜んでいますが、わたしの五体にはもう一つの法則があって心の法則と戦い、わたしを、五体の内にある罪の法則のとりこにしているのが分かります。

（ローマ7・20—23）

肉と罪

肉、すなわち、人間の弱さの考察にあたっては、罪についての理解が前提となります。パウロは、語ります。「わたしは肉の人であり、罪に売り渡されています」(ローマ7・14)。また、「心」と「肉」が、対比して語られます。「わたし自身は心では神の律法に仕えていますが、肉では罪の法則に仕えているのです」(7・25)。

私たちの奥深くには、罪が住んでいる——これは、人間の現実です。聖書によれば、罪は、アダムによってこの世に入り、恐るべき力をもって人間を支配し(ローマ5・12—21)、今もなお、人間は、それへの隷属状態のうちにあります(ローマ3・9、6・20、ガラテヤ3・22)。「肉」は、人間の弱さを表し、神やその霊の働きに矛盾・対立するものとして捉えられています。

3　赦し合い

私たちは、たとえ誠実に生きようとしても、過ちは避けられません。そのような私たちにとって求められること、それは、互いに支え合い、仕え合い、赦し合うことです。

聖書的な意味で、「赦し」とは、「水に流す」こととは違います。いったんしてしまった行為は、たとえそれが善いことであっても悪いことであっても、なかったことにすることはできません。特に自由に基づいて行ったものであれば、当然そこには責任が伴います。

そのようなとき、私たちに求められること、それが赦しにほかなりません。しかし、私たちは、誰かの過ちを心から赦すことができるのでしょうか。ことが重大であればあるほど、それは難しいだろうと思います。しかし、最初から不可能だとも言えないでしょう。もしそのようなとき、赦しが実現したとするならば、それは、どちらかの努力や忍耐だけで成就したというよりも、双方の間に生じた、一つの出来事として捉えられるのではないか、とそう思います。

ゆるすということはむずかしいが、もしゆるすとなったら限度はない、——ここまではゆるすが、ここから先はゆるせないということがあれば、それは初めからゆるしてはいないのだ。

（山本周五郎「ちくしょう谷」『ちいさこべ』、新潮文庫、二〇一三年、362頁）

聖書もまた、真の赦しは無条件なものである、と語っています。

そのとき、ペトロがイエスのところに来て言った。「主よ、兄弟がわたしに対して罪を犯したなら、何回赦すべきでしょうか。七回までですか。」イエスは言われた。「あなたに言っておく。七回どころか七の七十倍までも赦しなさい。」

（マタイ18・21―22）

また、他人の罪を赦すことと自分の罪が赦されることとは、密接につながっています。

隣人から受けた不正を赦せ。そうすれば、
願い求めるとき、お前の罪は赦される。
人が互いに怒りを抱き合っていながら、
どうして主からいやしを期待できようか。
自分と同じ人間に憐れみをかけずにいて、
どうして自分の罪の赦しを願いえようか。
（シラ書28・2—4）

私たちは、神に赦されているからこそ、他の人を赦すことが可能となります。

互いに親切にし、憐れみの心で接し、神がキリストによってあなたがたを赦してくださったように、赦し合いなさい。
（エフェソ4・32）

4　愛と赦し

真の赦しは、単なる感情的なものではありません。感情では、赦しは実現しません。それを可能にするもの、それが愛にほかなりません。人間は、たとえ罪人であっても、誰かをあるいは何かを愛することができます。なぜなら、愛は、罪を遥かに凌駕するからです。そのことについて、ルカは、次のように語ります。

「この人が多くの罪を赦されたことは、わたしに示した愛の大きさで分かる。赦されることの少ない者は、愛することも少ない。」そして、イエスは女に、「あなたの罪は赦された」と言われた。同席の人たちは、「罪まで赦すこの人は、いったい何者だろう」と考え始めた。イエスは女に、「あなたの信仰があなたを救った。安心して行きなさい」と言われた。

（ルカ７・47―50）

真の赦しが可能となるとき、それが、人間の力に依らないものだとするなら、それを奇跡と呼んでもいいかもしれません。奇跡とは、そこに神が働いているということです。

主は憐れみ深く、恵みに富み
忍耐強く、慈しみは大きい。
永久に責めることはなく
とこしえに怒り続けられることはない。
主はわたしたちを

罪に応じてあしらわれることなく
わたしたちの悪に従って報いられることもない。
天が地を超えて高いように
慈しみは主を畏れる人を超えて大きい。
東が西から遠い程
わたしたちの背きの罪を遠ざけてくださる。
父がその子を憐れむように
主は主を畏れる人を憐れんでくださる。
主はわたしたちを
どのように造るべきか知っておられた。
わたしたちが塵にすぎないことを
御心に留めておられる。
（詩編103・8—14）

5　イエスの十字架

人間の弱さは、イエスの十字架をとおして新たな展開を見せます。

キリストはあなたがたに対しては弱い方でなく、あなたがたの間で強い方です。キリストは、弱さのゆえに十字架につけられましたが、神の力によって生きておられるのです。わたしたちもキリストに結ばれた者として弱い者ですが、しかし、あなたがたに対しては、神の力によってキリストと共に生きています。（Ⅱコリント13・3―4）

また、イエスについて、ヘブライ書は、次のように語ります。

この大祭司は、わたしたちの弱さに同情できない方ではなく、罪を犯されなかったが、あらゆる点において、わたしたちと同様に試練に遭われたのです。（ヘブライ4・15）

6　裁き――罪を犯したことのない者が、石を投げなさい

自分には何もやましいところはないが、それでわたしが義とされているわけではありません。わたしを裁くのは主なのです。（Ⅰコリント4・4）

パウロがこう語る時、彼はいったい何を言おうとしているのでしょうか。それは、神の目と人間の目とは違う、換言すれば、神のものの見方と人間のそれとは違う、ということかもしれません。「人は目に映ることを見るが、主は心によって見る」（サムエル記上16・7）。見方が違えば、それに基づく判断の仕方・結果も異なってくるでしょう。人は、過ちを犯す。これは、人間の現実です。誰かの過ちに接するとき、ともすれば、私たちは、その過ち以上にその人自身を罰しようとする傾向があります。そのような人間の現実をよく表している物語があります。有名な「姦通の女」の物語です。

イエスはオリーブ山へ行かれた。朝早く、再び神殿の境内に入られると、民衆が皆、御自分のところにやって来たので、座って教え始められた。そこへ、律法学者たちやファリサイ派の人々が、姦通の現場で捕らえられた女を連れて来て、真ん中に立たせ、イエスに言った。「先生、この女は姦通をしているときに捕まりました。こういう女は石で打ち殺せと、モーセは律法の中で命じています。ところで、あなたはどうお考えになりますか。」イエスを試して、訴える口実を得るために、こう言ったのである。イエスはかがみ込み、指で地面に何か書き始められた。しかし、彼らがしつこく問い続けるので、イエスは身を起こして言われた。「あなたたちの中で罪を犯したことのない者が、まず、この女に石を投げなさい。」そしてまた、身をかがめて地面に書き続けられた。これを聞いた者は、年長者から始まって、一人また一人と、立ち去ってしまい、イエスひとりと、真ん中にいた女が残った。イエスは、身を起こして言われた。「婦人よ、あの人たちはどこにいるのか。だれもあなたを罪に定めなかったのか。」女が、「主よ、だれも」と言うと、イエスは言われた。「わたしもあなたを罪に定めない。行きなさい。これからは、もう罪を犯してはならない。」

（ヨハネ8・1―11）

姦通を犯した者は、死罪にあたりました（申命記22・22―29）。それゆえ、律法学者やファリサイ派の人々の訴えは、人間的な見方からすれば、あながち間違っているとは言えないでしょう。しかし、彼らの狙いは、ひとえにイエスを窮地に陥らせることにありました。彼らの問い詰めは、人間的な知恵に長けた実に狡猾なものでした。

彼らは、「律法から生じる自分の義」を信じる人々でした。それに対して、イエスは、「神から与えられる義」を生きる人物であり、その生き方そのものが、福音の体現と言えるものでした。

もしイエスが、「石を投げるな」と言えば、それは、律法に背くことになります。もし「石を投げろ」と言えば、それは、日頃の言動とは矛盾している、と彼らは、イエスにくってかかっていたことでしょう。そのような彼らの奸計《かんけい》に対して、イエスは、沈黙します。しかし、彼らの態度があまりにも執拗だったので、とうとうイエスは、口を開きこう語ります――「あなたたちの中で〝罪を犯したことのない者〟（アナマルテートス）が、まず、この女に石を投げなさい」。

このイエスの言葉に対して、誰も反論できませんでした。つまり、誰も、この女に石を投げることはできなかったのです。なぜなら、誰一人として、それまでの自分の来し方を振り返って、「一度も罪を犯したことはない」と断言できる者はいなかったからです。唯一それができたのは、イエスです。しかし、彼は、石を投げることはしませんでした。彼は、この女の罪を裁く石を投げるのではなく、むしろ、彼女の罪の赦し、新たないのちの中に生きるように、と背中を押したのです。

過ち・罪を犯したことのない人は、一人もいません。だから、もし誰かが他の誰かを裁くならば、それは、自らの現実を直視せず、驕り高ぶっているからにほかなりません（マタイ7・1―6参照）。

パウロは、語ります――「罪が増したところには、恵みはなおいっそう満ちあふれました」（ローマ5・20）。逆説的ですが、神の慈しみは、このようにして人間に注がれます。

7　赦しといのちへの道――わたしもあなたを罪に定めない

一人またひとりと、その場を去って行きます。しかも、年長者から去って行った、と聖書は語ります。長く生きれば生きるほど、罪も増していく――それが人間の現実、ということでしょうか。その場に残ったのは、イエスとその女だけでした。「だれもあなたを罪に定めなかったのか」とイエスは尋ねます。「罪に定める」（カタクリーノー）とは、酌量の余地のないものとして裁く、ということでしょうか。女は応えます――「主よ、だれも」。人が人を裁くことはできない。これは、イエスがはっきりと述べるところです（マタイ7・1―6、ローマ14・13、Ⅰコリント4・5、ヤコブ4・11―12参照）。

イエスの言葉は、実に画期的です。「わたしもあなたを罪に定めない。行きなさい。これからは、もう罪を犯してはならない」。罪に定めないとは、裁かないということ。さらに言うなら、いのちを与える、ということです。もちろん、イエスは、彼女のしたことが良いことだとは言いません。それは、彼女自身も震える程分かっていることでしょう。その彼女の苦しみを、イエスは、同じ思いで感じとっています。だから、「行きなさい」と言います。この「行きなさい」とは、「生きなさい」ということでもないか、とそう思います。「もう罪を犯してはならない」とは、真のいのちに生きることへの招きにほかなりません。

神は、いかなるもののいのちであっても、それが失われることを望みません。なぜなら、神は、いのちそのものだからです。

わたしは生きている、と主なる神は言われる。わたしは悪人が死ぬのを喜ばない。むしろ、悪人がその道から立ち帰って生きることを喜ぶ。立ち帰れ、立ち帰れ、お前たちの悪しき道から。イスラエルの家よ、どうしてお前たちは死んでよいだろうか。

（エゼキエル書33・11）

8　罪の赦しと贖い

真のいのちに生きるとは、罪からの解放によって可能とされます。パウロは、それを洗礼の意義を語ることによって説明します。

では、どういうことになるのか。恵みが増すようにと、罪の中にとどまるべきだろうか。決してそうではない。罪に対して死んだわたしたちが、どうして、なおも罪の中に生きることができるでしょう。それともあなたがたは知らないのですか。キリスト・イエスに結ばれるために洗礼を受けたわたしたちが皆、またその死にあずかるために洗礼を受けたことを。わたしたちは洗礼によってキリストと共に葬られ、その死にあずかるものとなりました。それは、キリストが御父の栄光によって死者の中から復活させられたように、わたしたちも新しいいのちに生きるためなのです。もし、わたしたちがキリストと一体になってその死の姿にあやかるならば、その復活の姿にもあやかれるでしょう。わたしたちの古い自分がキリストと共に十字架につけられたのは、罪に支配された体が滅ぼされ、もはや罪の奴隷にならないためであると知っています。死んだ者は、罪から解放されています。わたしたちは、キリストと共に死んだのなら、キリストと共に生きることにもなると信じます。そして、死者の中から復活させられたキリストはもはや死ぬことがない、と知っています。死は、もはやキリストを支配しません。キリストが死なれたのは、ただ一度罪に対して死なれたのであり、生きておられるのは、神に対して生きておられるのです。このように、あなたがたも自分は罪に対して死んでいるが、キリスト・イエスに結ばれて、神に対して生きているのだと考えなさい。

（ローマ６・１―11）

洗礼は、キリスト・イエスに結ばれること、すなわち、キリスト・イエスの中へと導かれることに、その本来の意義があります。それは、同時にまた、罪からの解放でもあります。キリストの死に与るものは、それによって、罪に対して死に、罪から解放されます。それが、清められることであり、義（無罪）と認められること（ディカイオー）でもあります。神との関わりの中に生きることです。

洗礼式の中で、水を祝福する次の言葉は、とても美しいものです。

秘跡のしるしを通して救いの恵みを与えてくださる全能の神よ、
あなたは旧約の歴史の中で、水によって洗礼の恵みを表してくださいました。

赦しと和解——慈しみの心に生かされて

天地の初めに、あなたの霊は水のおもてを おおい、
人を聖とする力を水にお与えになりました。
ノアの洪水の時、水をあふれさせて、罪の終わりと新しい いのちの始まりである洗礼の
かたどりとしてくださいました。
アブラハムの子孫がエジプト脱出の時、海の中に乾いた道を備えて約束の地に渡らせ、フ
ァラオの奴隷から解放して、この民を洗礼を受ける人々の しるしとしてくださいました。
あなたのひとり子は、ヨルダン川でヨハネから洗礼の水を注がれて聖霊を受け、
十字架の上では、貫かれた わきから血と水を流し、
復活の後、弟子に仰せになりました。「すべての国に行って人々に教え、父と子と聖霊の
み名によって洗礼を授けなさい。」
恵み豊かな神よ、
今あなたの教会を顧み、洗礼の泉を わき出させてください。
御ひとり子の恵みが、この水によって与えられるように 聖霊を遣わしてください。
あなたの似姿として造られた人間が
洗礼の秘跡においてすべての罪の汚れを清められ、
水と聖霊によって、神の子として新たに生まれることができますように。
（ここで司祭は水に右手をつけて続ける。）

全能の神よ、御子キリストによって、聖霊の力をこの洗礼の泉に満たしてください。
洗礼によって、すべての人がキリストとともに葬られ、
キリストとともに新しいいのちに生きることができますように。
わたしたちの主イエス・キリストによって。

9　神との和解

「赦し」と共に、今回のテーマにおいて、もう一つの鍵語である「和解」について考察してみたいと思います。次のテキストにおいては、「和解」が、「平和」との関係で語られます。

しかしあなたがたは、以前は遠く離れていたが、今や、キリスト・イエスにおいて、キリストの血によって近い者となったのです。実に、キリストはわたしたちの平和であります。二つのものを一つにし、御自分の肉において敵意という隔ての壁を取り壊し、規則と戒律ずくめの律法を廃棄されました。こうしてキリストは、双方を御自分において一人の新しい人に造り上げて平和を実現し、十字架を通して、両者を一つの体として神と和解させ、十字架によって敵意を滅ぼされました。キリストはおいでになり、遠く離れているあなたがたにも、また、近くにいる人々にも、平和の福音を告げ知らせられました。それで、

このキリストによってわたしたち両方の者が一つの霊に結ばれて、御父に近づくことができるのです。

（エフェソ2・13―18）

「キリスト・イエスにおいて」とは、「キリスト・イエスの中で」という意味です。また、「キリストの血によって」とは、「キリストの血の中で」という意味です。キリストは私たちの平和である、と語られます。それは、イエスが与えるいのちにこそ、真の平和があるからです。平和について考察するにあたって、参考となるテキストを見てみたいと思います。

その日、すなわち週の初めの日の夕方、弟子たちはユダヤ人を恐れて、自分たちのいる家の戸に鍵をかけていた。そこへ、イエスが来て真ん中に立ち、「あなたがたに平和があるように」と言われた。そう言って、手とわき腹とをお見せになった。弟子たちは、主を見て喜んだ。イエスは重ねて言われた。「あなたがたに平和があるように。父がわたしをお遣わしになったように、わたしもあなたがたを遣わす。」そう言ってから、彼らに息を吹きかけて言われた。「聖霊を受けなさい。だれの罪でも、あなたがたが赦せば、その罪は赦される。だれの罪でも、あなたがたが赦さなければ、赦されないまま残る。」

（ヨハネ20・19―23）

一人ひとりのいのちが、それぞれのいのちとして大切にされること――そこに、真の平和はあります。そして、私たちは、例外なくその平和へと招かれています。平和は、確かに、その根本においては、恵みとして与えられるもの。しかし、同時にまた、私たちが常に築き上げて行くべきものでもあります。

真の平和とは、ただ何も起こらないとか、力と力が危うい均衡を保っているとか、あるいはまた、独裁者がすべてを支配していることではありません。そこにはもっと、積極的な意味があります。すなわち、私たちがいっそう、真の仕合せへと導かれるということです。

「あなたがたに平和があるように」（ヨハネ20・19、21）――イエスが語るこの「平和」（エイレーネー／シャローム）は、日常生活の中で挨拶として交わされる言葉ですが、同時にまた、神が共におられることをも意味しています。「恐れなくてもいい。あなたはわたしのもの、わたしはいつもあなたとともにいる」（イザヤ書43・1―2参照）――これは昔も今も、そしてこれからも、変わることのない神の約束であり、真の平和はここから生まれます。

10　和解と平和

イエスによって与えられる平和――それは、神との和解に基づきます。それは、御子による「贖い」（アポリュトゥローシン）によって可能となるものです。

わたしたちは、この御子によって、贖い、すなわち罪の赦しを得ているのです。御子は、見えない神の姿であり、すべてのものが造られる前に生まれた方です。天にあるものも地にあるものも、見えるものも見えないものも、王座も主権も、支配も権威も、万物は御子において造られたからです。つまり、万物は御子によって、御子のために造られました。御子はすべてのものよりも先におられ、すべてのものは御子によって支えられています。また、御子はその体である教会の頭です。御子は初めの者、死者の中から最初に生まれた方です。こうして、すべてのことにおいて第一の者となられたのです。神は、御心のままに、満ちあふれるものを余すところなく御子の内に宿らせ、その十字架の血によって平和を打ち立て、地にあるものであれ、天にあるものであれ、万物をただ御子によって、御自分と和解させられました。（コロサイ1・14―20）

「贖い」はまた、罪の赦しとも考えられます。「赦し」（アフェーシン）は、「アフェシス」（解放、自由）という言葉に由来します。ですから、「アフェシス」は、普通は「赦し」を意味しますが、「解放、自由」とも訳されます。

主の霊がわたしの上におられる。

貧しい人に福音を告げ知らせるために、
主がわたしに油を注がれたからである。
主がわたしを遣わされたのは、
捕らわれている人に解放を、
目の見えない人に視力の回復を告げ、
圧迫されている人を自由にし、
主の恵みの年を告げるためである。
（ルカ4・18―19）

同様のことは、次の有名な「キリスト賛歌」においても見ることができます。

御子は、見えない神の姿であり、すべてのものが造られる前に生まれた方です。天にあるものも地にあるものも、見えるものも見えないものも、王座も主権も、支配も権威も、万物は御子において造られたからです。つまり、万物は御子によって、御子のために造られました。御子はすべてのものよりも先におられ、すべてのものは御子によって支えられています。また、御子はその体である教会の頭です。御子は初めの者、死者の中から最初に生まれた方です。こうして、すべてのことにおいて第一の者となられたのです。神は、御心のままに、満ちあふれるものを余すところなく御子の内に宿らせ、その十字架の血によって平和を打ち立て、地にあるものであれ、天にあるものであれ、万物をただ御子によって、御自分と和解させられました。（コロサイ1・15―20）

神は、御子の十字架の血によって、平和を打ち立てられた、と語られます。血は、いのちの座と考えられていました。ですから、最大の愛の体現は、いのちを捧げることになります。「友のために自分の命を捨てること、これ以上に大きな愛はない」（ヨハネ15・13）。イエスは、それゆえ、自らの死をとおして、神と人間との新たな契約を成就しました。「これは、多くの人のために流されるわたしの血、契約の血である」（マルコ14・24）。それはまた、イエスを頭とする教会の誕生でもあります。「兵士の一人が槍でイエスのわき腹を刺した。すると、すぐ血と水とが流れ出た」（ヨハネ19・34）。

自由をもたらす律法によっていずれは裁かれる者として、語り、またふるまいなさい。人に憐れみをかけない者には、憐れみのない裁きが下されます。憐れみは裁きに打ち勝つのです。（ヤコブ2・12―13）

おわりに

「キリストに倣う」――これは、私たちが歩むべき道です。「私は道である」と語ったイエスは、私たちに、こう求めます――「七回どころか七の七十倍までも赦しなさい」（マタイ18・22）。私たちは、このイエスに倣うことを学びたい。私たちは、他者を赦すことによってこそ、自らも赦されます（マルコ11・25）。イエスの奇跡は、彼が、罪を赦す権威をもっていることの証しであり（2・10）、信仰は、そのイエスへの信託にほかなりません。私たちは、自らだけの力で、他の誰かを無条件に赦すことは、おそらくできないでしょう。しかし、もしそれが可能だとするならば、それは、そこにおいてまさに神が働いたからにほかなりません。この神が、私たちに約束します――「あなたの背きの罪をぬぐい、あなたの罪を思い出さないことにする」（イザヤ書43・25）。

いつくしみの神秘を観想する――教皇フランシスコとリジューの聖テレーズ

片山　はるひ

1　神の「いつくしみの神秘」

神が「いつくしみ深き」神であるということは、日本の現代の教会において、別に目新しいことではなく、むしろ信仰の基本的な事実であり、とりたてて問題とするような事柄ではないように思われます。

それでは、なぜ教皇フランシスコは、教会が「一刻を争うほど緊急に、神のいつくしみを告げる必要性があると感じ」（大勅書No.25）いつくしみの特別聖年を宣言されたのでしょうか？　特別聖年を公布した大勅書の冒頭で、教皇は、このように語ります。

イエス・キリストは、御父のいつくしみのみ顔です。キリスト者の信仰の神秘は、ひと言でいえばこの表現に尽きる気がします。（…）ナザレのイエスは、そのことばと行い、そして全人格を通して、神のいつくしみを明らかになさいます。

わたしたちは、つねにいつくしみの神秘を観想しなければなりません。いつくしみは喜びの源、静けさと平和の泉です。（…）いつくしみ――それはわたしたちの罪という限界にもかかわらず、いつも愛されているという希望を心にもたらすもので、神と人が一つになる道です。
（大勅書、5―6頁、No.1―2。傍点筆者）

また大勅書の末尾でも、同じ表現「いつくしみの神秘」について繰り返し強調されます。

教会は自らの第一の使命が、大きな希望と大きな矛盾に満ちたこの時代にこそ、キリストのみ顔を観想することで、神のいつくしみの偉大な神秘にだれもが入れるようにすることだと知っています。教会は、いつくしみを告げ、イエス・キリストの啓示の中心としてそれを生きることによって、何よりもいつくしみの真の証人であるよう招かれています。
（大勅書、44頁、No.25。傍点筆者）

ここで始めに注目したいのは、「神のいつくしみ」が、私たち人間にとっては「神秘」であること、つまり、そのなにがしかは理解できても、決して理解し尽くすことができない事柄であるという事実です。この「神秘」に近づこうとするなら、それを「観想（contemplation）」しなければならないのです。

「観想」とは、「じっと凝視する（contemplate）」から来たことばで、祈りの頂点を表しています。祈りが、もはやことばも必要とせず、知性の働きを超えて、愛するものへの単純なまなざしとなった時の祈りが「観想」です。魂のまなざしを、じっくりと神に向け、人生の荒波と闇のただ中でも、忍耐強くその神秘を見つめつづけること。それによって初めて「いつくしみ」が私たちにとって形をとってくるのだと教皇は教えているのです。

放蕩息子のたとえ

そこには、このあまりにも大切な真理が、実は誤解されることが多く、教会の中でさえ、神の真のみ顔が伝わっていない、という教皇の切迫した思いがあるように思われます。

この誤解の最も良い例が、「放蕩息子のたとえ」（ルカ15・11―32）です。これほど有名なたとえ話はなく、古今東西の絵に描かれたこれほど有名なたとえ話ですが、その真の意味をどれだけの人が真に理解していると言えるのでしょうか？

罪人の改心という出来事が扱われるため、とかく倫理的教訓としてのみ解釈されることの多いこの話の核心は、「絆の物語」です。そしてこのたとえ話の主人公は、実は息子ではなく、父です。父の生前に財産を求めた弟息子は、自ら親子の絆を切って旅立ち、父の存在を忘れます。放蕩のあげく、「人間失格」の状態にまで堕ちた息子は、そこで父の存在を思い起こし、戻ってくるのです。遠くにいるにもかかわらず、息子をみつけた父は、全存在をゆすぶられる憐れみの激情にかられて（原語：スプランクニゾマイ「断腸の思いで」の意）息子に駆け寄り抱きしめます。父は、息子の改悛のことばが何一つ聞こえないかのように、矢継ぎ早に完全を現す七つの動詞を用いて、息子を完全に復権させます。そこには、失った息子を見出し、親子の絆を取り戻した父の狂喜とも言える喜びしかありません。履き物を与えること、良い服を与えることは、彼が奴隷ではなく、家の自由な息子であることを意味します。指輪を与えるということは、親子の絆（契約）の完全な復権の象徴です。これらはすべて、弟息子が失った自由な人間としての尊厳を全て与えられたことを意味します。

兄は、そんな弟を冷ややかに見下し、父に「あなたのあの息子」と突き放しますが、父は「お前のあの弟」とたしなめ、兄が断ち切った絆を取り戻させようとするのです。

父の兄への最後の決然とした呼びかけは、同時に限りない優しさに満ちています。

> 子よ、お前はいつもわたしと一緒にいる。わたしのものは全部お前のものだ。だが、お前のあの弟は死んでいたのに生き返った。いなくなっていたのに見つかったのだ。祝宴を開いて楽しみ喜ぶのは当たり前ではないか。（ルカ15・31―32）

この父にとって、息子の放蕩などなんでもありません。お金が問題ではないのです。彼が自分を忘れて絆を断ち切ってしまったこと、この根源的な哀しみのみが、この狂喜を説明します。

ヨハネ・パウロ二世は、回勅『いつくしみ深い神』の中心部にこのたとえ話を置き、物語の深く広い意味を明らかにしています。そこで、放蕩息子は普遍的な人間存在の象徴として描かれています。父の「いつくしみ」は旧約の「愛・ヘセド（hesed）」自己に対する誠実であり、その喜びは、「失われた子の人間性」、尊厳の復権にあると説明されています。

このような広がりの中で読むとき、この絆の物語は、全聖書の縮図といっても過言ではありません。なぜなら、弟息子とは、背き続けつつも、神へと立ち戻ってやまなかったイスラエルの民の象徴であり、それは時代を貫く人間存在のそれ自体の象徴とも言えるからです。そして父とは、歴史に介入する仕方において、常に「いつくしみ」であり続ける神そのものなのです。

勘定高く、心の狭いわたしたち人間には、このような限界なき「いつくしみ」を真に理解し尽くすことができません。人間の思いは常にエゴイズムと損得の壁に遮られ、この物語からも通常は、皮相的倫理の教訓しか読み取ることができないのだと思います。それゆえ、ヨハネ・パウロ二世から教皇フランシスコに至るまでの教皇たちは、この「いつくしみの神秘」を「観想」することの必要性を語ってやまないのではないでしょうか？

2　教皇フランシスコとリジューの聖テレーズ

教皇フランシスコが「いつくしみ」について語る時に、よく言及されるのが、十九世紀後半に二十四歳の短い一生をフランスのリジューで終えたカルメル会修道女、幼いイエスの聖テレーズ（本名テレーズ・マルタン、一八七三―九七年）の霊性です。

メディアなどを通して知られている周知の事実は、この聖女が教皇の最愛の聖女であり、守護の役割を果たしてくれている聖人であることです。アルゼンチンでのイエズス会神学院院長の時代から教皇は聖テレーズの写真を居室に飾っており、その同じ写真が今バチカンでの居室に飾られています。ブエノス・アイレスの大司教時代には、机の上に聖ヨセフと聖テレーズと「結び目を解く聖母マリア」の絵が置かれていました。そしてローマに行くときには、必ずバチカン近くのフランシスコ会の小さな教会に立ち寄り、そこにある聖テレーズの像の前で祈るのが習慣でした。教皇はこう語ります。

「問題があるときにはサンタ・テレシータに尋ねる。解決してもらうためではなくて、その問題を彼女の手に一度預けて、私がそれを受け入れるのを助けてもらうんだ。その徴はたいていい白い薔薇で受け取る」。

（オースチン・アイヴァリー『教皇フランシスコ――キリストとともに燃えて』明石書店、363、507頁）

また「放蕩息子のたとえ」を踏まえて、教皇が「いつくしみ」について語る時に、テレーズは確かな導き手として言及されています。

愛は、教会のいのちの中心です。幼きイエスの聖テレーズが言ったように、愛は教会の心臓です。（…）神は、人間をその愛のいのちへと参与させられます。そして、人間が神から離れたとしても、遠くにとどまることなく、人間に出会いに来てくださいます。その御子の受肉によって頂点を迎える、この神と人間との出会いこそが、神のいつくしみです。いつくしみとは、罪人である私たちに神がご自分をあらわす仕方、我々を見つめ、助ける神のみ顔なのです。（…）愛（caritas）といつくしみ（misericordia）を切り離すことはできません。なぜなら、それは、神の存在と行動の在り方を示しているからであり、神の本質、神の名だからです。（…）

決して倦むことなく、神は私たちに愛を注いでくださっています。私たちはこの世界において、その神の愛のあかし人となるように呼ばれています。それゆえ、行動に邁進する前に、まず私たちの人生の羅針盤である神の愛を見つめなければならないのです。その羅針盤こそが、私たちに進むべき方向を与え、兄弟たちと世界をどのように見るべきかを教えてくれるからです。

（Cor Unum による国際会議〔二〇一六年二月二十六日〕での教皇フランシスコのスピーチ、私訳）

ここで注目すべきは、教皇が「いつくしみ」を「神の行動の在り方」と定義していることです。

はじめに、「いつくしみ」は、「神秘」であることを強調しましたが、それに付け加えて、「いつくしみ」は単なる「概念」ではなく、歴史に介入した生ける神の一貫した「在り方」「振る舞い」であることも心にとめておきたいと思います。それゆえに「いつくしみ」は説明するものではなく、「生き方」において現れてくるものだとも言えます。

3　リジューの聖テレーズと神のいつくしみ――その生涯

リジューの聖テレーズは、その生涯において神のいつくしみを身を以て「体験」した人です。その「体験」による確信から彼女は、「神の行動の在り方」や「振る舞い」を理解していったのです。

テレーズの生き方で特徴的なのは、彼女が現代的な弱さの体験を生き抜いたという事実です。彼女は四歳の時に母を乳ガンで亡くします。一番母の愛情を必要とする時期に、それを奪われた末っ子は、この心理的トラウマを抱えて育ちます。優しく聖なる父や、四人の姉の愛情に包まれて育ちながらも、やがて頼りとした姉達が次々にカルメル会に入会してゆくことに耐えきれず、重い心身症となり、当時の知識では「気が狂った」という状態にまでなります。その心身症は、聖母のほほえみにより奇跡的に癒されますが、昔の明るく活発な性格は変わり「内気でおとなしく、極端に感じやすい」子供になります。泣いてしまったことにまた泣くというみっともない子

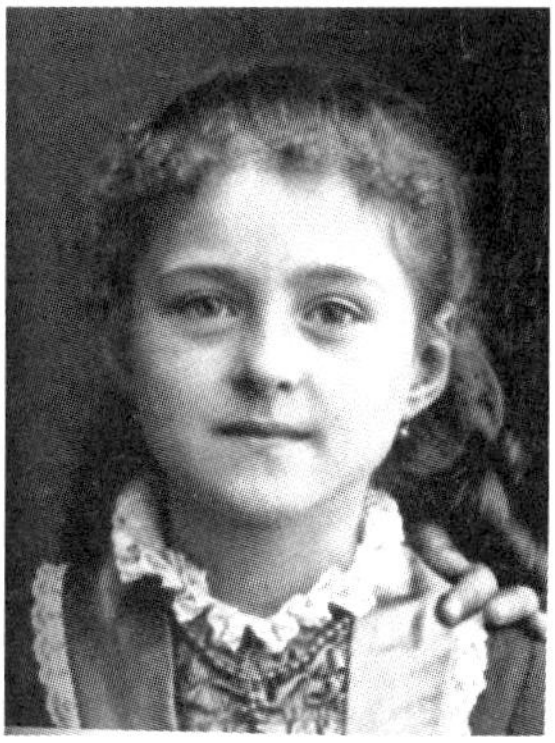
13歳のテレーズ

供だったと彼女は自分をふり返って言います。

そんな状態で小学校に入ると、成績はよかったので、それを妬んだボス的な生徒からいじめを受け、不登校になってしまいます。ですから、彼女はそれ以降、家で家庭教師と勉強を続けますが、中学校へも通ってはいないのです。

そんな彼女を一気に変え、トラウマを一瞬にして癒した出来事が十三歳の時の「クリスマスの奇跡」でした。このクリスマスの夜のミサから帰ってきたテレーズは、暖炉の中にプレゼントの入った靴を取りにゆくのを楽しみにしていました。家族は、小さい子のための習慣を子供っぽいテレーズのために続けていたのです。ところが、その夜なぜかお父さんのマルタン氏はおそらく夜中遅くまでのミサに疲れて、「やれやれ、ありがたいことに、これも今年で最後だ」と、テレーズの胸を突き刺すような言葉をつぶやき、それを階段を上りかけていたテレーズは聞いてしまったのです。

今までなら、この一言でテレーズは傷ついて大泣きし、クリスマスの喜びが台無しになる筈でした。ところが、その時の彼女は、今までの彼女ではありませんでした。何事もなかったかのように、階段を降り、うれしそうにプレゼントを披露して、皆はすっかりほがらかになってクリスマスの夜は喜びの内に終わったのです。それは、彼女が四歳の時に失った霊魂の力を取り戻したたことを知った瞬間でした。その思い出を彼女は自叙伝に記しています。

一瞬のあいだに私を成長させるには、どうしても小さい奇跡が必要でした。ところが神様はこの奇跡を、忘れもしないご降誕祭の日にしてくださったのです。

この光に満ちた夜、（…）幼子イエスさまは、私の魂の闇を光の奔流に変えてくださいました。主は、私に対する愛から、ご自分は弱く苦しむものとなり、私を強く勇気あるものとしてくださったのです。この祝された夜以来、私はどのような戦いにも決して負けることがなくなりました。かえって勝利から勝利へと進み、いわば「巨人の足どり」で歩き始めるようになったのです……。（…）そして私を魂をすなどる者としてくださったのです。（…）「私は渇く」という十字架上のイエスの叫びが絶えまなく心に響くようになりました。

（『幼いイエスの聖テレーズ自叙伝——その三つの原稿』ドン・ボスコ社、144―147頁）

この一見なんでもない、家庭内の小さな出来事が、小さなテレーズを現代最大の聖女へと変容させていった神の「いつくしみ」の最初のわざでした。それ以降、彼女は「巨人の足どり」で成熟をとげ、周囲の人々すべてが反対する中で、十五歳でのカルメル会入会を成し遂げます。

ただカルメル会での生活も、その現実は心身共に苦しみの連続でした。幼い時から苦しみと共に生きる術を心得ていたはずの彼女が最も悲痛な叫び声をあげたのは、最愛の父が精神を病んで

15歳のテレーズ

蒸発し、ついに当時は「狂人」の入る所と思われ、差別の対象であった「精神病院」に強制入院させられた時でした。しかもその原因が最愛の末娘であった自分のカルメル会入会にあるのではないかと陰でささやかれていることを知り、苦悩に苛まれます。最も悲惨な辱めをうけた父の姿と、イザヤ書53章が描き出す「苦しむ僕」を重ねあわせつつ、彼女はこの試練を乗り越えてゆきました。

そして二十三歳の時には肺結核を発病します。『死と闇をこえて――テレーズ最後の6ヶ月』（ギイ・ゴシェ著、聖母文庫）には、テレーズの最期の日々が生き生きと描きだされています。この本を読めば、従来のロマンチックな安っぽい聖女テレーズのイメージは払拭され、代わりに、愛情と知恵とユーモアに富み、あらゆる面から見て成熟した一人の現代的で魅力的な女性の姿を発見することができます。

彼女をきわだって現代的な存在にしているのは、彼女が死の直前まで「信仰の闇」を生きたという事実です。近現代の無神論者が味わうような「闇」を彼女は身を以て味わいつくしたのです。彼女にとっては、甘美なものでしかなかった天国の思いは、「もはや戦いと苦悩の種でしかなくなります」。自叙伝の中で、彼女はその暗闇から聞こえる声を描写しています。

「おまえは光を、……この上なく甘美な香りに満ちた祖国を夢見ている。おまえはすべての美しいものの造り主を永遠に所有できると夢見ている。いつかはおまえを取り囲むこの霧の中から出られると思っている。さあ進んでごらん、進んでごらんよ。喜んで死ぬがいい。しかし死は、お前の希望しているものを与えてはくれまい。それどころか、もっともっと深い闇、虚無の闇がそこにあるだけだろうよ」

（『幼いイエスの聖テレーズ自叙伝』313―314頁）

この「暗いトンネル」の中でも、テレーズは、同時に神のいつくしみを感じます。なぜなら、彼女は神がこのような試練に耐える力がつくまで、待っておられたことに気づいたからです。そして、この試練が無信仰者たちの救いへとつながる身代わりの試練であることを感じ、それを受け入れてゆきました。

神のいつくしみに生きることが、いつも甘美な慰めの海を泳ぐことではないことは、テレーズの短い生涯が良く示しています。ただ、どのような苦しみ・試練、闇の荒波の中でも、このいつくしみを羅針盤として進むことにより、テレーズという小さな船は決して沈むことなくめざす岸辺にたどりついたのでした。

4　自叙伝の原稿Aと「神の慈しみ深い愛にいけにえとしてわが身を献げる祈り」

このような人生の体験を経て直観した神の神秘を、彼女は自叙伝の中で以下のように語ります。

これほどたくさんの恵みをいただいた私は、どうして詩編作者とともに、「主は慈しみ深く……、その愛は永遠」（詩編117・1）と歌わずにいられましょう。もしもこの世のものすべてが私と同じ恵みを受けたならば、だれも神さまを恐れず、かえって熱心に愛するでしょうに……。（…）

神様は私には無限の慈しみをくださいました。それで私はこの慈しみを通して、神様のほかのすべての完全さを眺め、礼拝します……！　するとすべては愛に輝いて見え、正義さえも（たぶんほかの完全さよりもなおいっそう）愛に包まれているように思えます……。神様は正義そのもの、つまり私たちの弱さを斟酌なさり、人間本性のもろさを完全に知り尽くしておられると考えるのはなんと甘美な喜びでしょう！　ですから何を恐れましょう？　放蕩息子の過ちを、あれほどの慈しみをもってみなお許しになった、限りなく正義でおられる神さまは、「いつも主とともにいる」（ルカ15・31）私に対しても、正義でおられるのではないでしょうか。

（『幼いイエスの聖テレーズ自叙伝』265頁。傍点筆者）

ここで彼女は、愛と正義という普通は対立して考えられがちな神の特性について深い洞察を述べています。それは、正義が真理を行うことであるのなら、人間にとっての真理、すなわちその弱さ、もろさを創造主として知っている神が行う正義とは、すなわちその弱さ、もろさへのいつくしみ・あわれみとして示されるという洞察です。

ここに注目したドミニコ会神学者ジョルジュ・コティエは、この箇所を、トマス・アクィナスの『神学大全』の箇所に対応させて考察します。

第一部、第二一問題「神の正義と憐憫について」

第三項「憐憫は正義を廃棄するものではなく、それは却って正義の充実ともいうべきものなることが判明する」

（トマス・アクィナス『神學大全』2巻、高田三郎訳、一九八四年、222―223頁）

また教皇フランシスコは、トマス・アクィナスとテレーズという二人の教会博士（カトリック教会において、教えの卓越性と普遍性が認められた聖人にのみ与えられる称号）の考察を踏まえて、大勅書の中で以下のように結論します。

もし、神が正義にのみこだわるかたならば、神であることをやめることになるでしょう。

そして、律法の遵守を主張するすべての人と同じくなってしまうはずです。正義だけでは足りません。正義にのみ訴えることが正義を台なしにしてしまう危険を伴っていることを、経験は教えています。だからこそ、神はいつくしみとゆるしを携えて正義を超えておられるのです。（…）神は正義を拒まれません。神は正義を完全なものとし、真の正義の礎である愛の体験という最高の出来事の中でそれを超えるのです。（大勅書、38―39頁、No.21）

それゆえに、正義といつくしみは、「相反する二つの特徴なのではなく、愛の充満という頂点に達するまで段階的に発展していくただ一つの現実の、二つの側面」（大勅書、35頁、No.20）なのです。神の「正義」とは血も涙もない教条主義による裁きではないこと、また「いつくしみ」が単なるセンチメンタリズムや甘やかしではないことをこれらの文章は明快に語っています。

5　教皇ヨハネ・パウロ二世『神の愛の知識』

教皇フランシスコに先立って、テレーズの真価を見抜き、教会博士と宣言したのは、教皇ヨハネ・パウロ二世です。彼女は、一九九七年十月十九日の世界宣教の日に、二十三人目の教会博士と宣言されました。その折に発布された使徒的書簡『神の愛の知識』の中でヨハネ・パウロ二世は、彼女の教えの特徴を以下のように述べています。

「彼女の教えは、聖書とカトリック信仰に合致しているだけでなく、総括的な深さと英知に達している点で卓越しています。その教説は、教会の信仰を宣言するものであると同時に、キリスト教秘義の体験、聖性への道でもあります。霊的な成熟を証しながら、テレーズは、キリスト教霊性の総括を提供するのです。」

（奥村一郎編『幼きイエスの聖テレジア――帰天百周年　教会博士授与記念』男子跣足カルメル修道会、10頁）

そして、彼女の霊性の根本に神のいつくしみがあることを強調します。

彼女は、私たちの時代に福音の美しさを輝かせました。彼女には、キリストの神秘体である教会を知らせ、愛させる使命がありました。彼女は、神の憐れみよりも神の正義を強調するヤンセニズムの教えから受けた厳しさと恐れの傷を癒すように、人々の霊魂を助けました。

（同書、12頁。傍点筆者）

ヤンセニズム（ジャンセニズム）とは、アウグスチヌスの思想を受け継いだオランダの司教ヤンセンの名に由来する思想です。この思想の支持者には、キリスト教的倫理の潔癖さにより尊敬に値する人々も多かったのですが、その思想が広まってゆく過程で、倫理的厳しさを追求するあまり、愛の神よりも裁きの神のイメージを人々に植え付け、それが十七世紀から十九世紀にかけてのフランスの教会を支配する神のイメージ、ひいては神への恐れを作り上げる結果となりました。前述のコティエ師は、共産主義思想の指導者であるマルクスを専門に研究した方ですが、この神への恐れこそが、近代の無神論を生み出した原因であると断言してはばかりません。そしてテレーズの教えが、この恐れを払拭し、教会において第二バチカン公会議に結実する真の福音的神理解への回帰へと導くムーブメントを作り出す大きなきっかけになったことを指摘します。

原稿Aと並ぶ、もう一つの重要な文書は、テレーズの『神の慈しみ深い愛にいけにえとしてわが身を献げる祈り』です。この有名な奉献の祈りの根底には、源泉であり、到達点でもある三位一体のいつくしみ深い愛の体験があります。

このさすらいの後、天のふるさとで主を受ける喜びを望みます。しかし天国のために功徳を積むのではなく、ひたすら主を喜ばせ、主のみ心を慰め、人々を救い、永遠に主を愛させることだけを目指して、ただ主の愛のためにのみ働こうと望んでいます。

命の夕べに、私は空の手で主のみ前に立つことでしょう。自分の業を数えてくださいとは願いません。主のおん目から見れば、私たちのすべての正義もなお汚れたものです！

それゆえ私は主の正義を着て、主の慈しみによって、主ご自身を永遠に自分のものとすることを願います。
（『幼いイエスの聖テレーズ自叙伝』390頁）

「空の手で」は、一つの雄弁なイメージです。十九世紀後半の霊性は、自己の善行をすべて数え上げて、神とやりとりをし、どうにか救いを手に入れるといったやや功利的な霊性でした。真理へのまなざしを忘れなかったテレーズは、そのやりとりの裏にある欺瞞を鋭く見抜き、人間にとってエゴイズムや損得抜きの行為があり得ないことを謙虚に認めます。ただそこにとどまって絶望するのではなく、それゆえに、自らの弱さ、限界を受け入れ、神にすべての信頼を置くこと、これが「空の手」の霊性です。

6　幼きイエスのマリー・エウジェンヌ神父『わがテレーズ――愛の成長』

テレーズのこの発見の偉大さを始めに見抜き、一九四〇年代にすでに、その教えに教会博士としての卓越性を確信していたのが、カルメル会士幼きイエスのマリー・エウジェンヌ神父です。彼は、テレーズの自叙伝が修正なしのオリジナル版で出版されることに尽力し、最初のテレーズ研究家として、その神学的価値を広く知らせることに貢献して、二〇一六年十一月十九日には、フランスで列福されました（列福式以降は公式表記は「マリー・ユジェーヌ神父」となっています）。一九四三年に、パリのカトリック大学で、テレーズ帰天五十周年の記念講演会が行われます。その時の閉会講演が、現在出版され邦訳（『わがテレーズ——愛の成長』サン・パウロ）されています。その中で、マリー・エウジェンヌ神父が特に強調するのが、与えることにおける神の喜びです。

テレーズが発見した神は、愛である神。そして同時に、自分の周り、カルメルにおいてさえ、この神が知られていないこともわかる。愛の神が知られていない！　人が知っているのは「やりとり」をする正義の神なので、功徳を積もうとするのである。しかしテレーズは、神を、そのように理解してはならないと思う。神は愛、神はいつくしみの愛なのだ。ではいつくしみの愛とは何であろうか。あらゆる要求と権利を越えて、自らを与えるのが神の愛、いつくしみの愛なのである。トリエント公会議によると、神は二つの仕方でその賜物を授けられる。つまり、功徳への報いとしての正義と、すべての功徳をはるかに越えたいつくしみの愛によって。後者において、神はご自身の本性に従われるのである。神は愛、そのあふれ出る愛は、ご自身を与えずにはいられない。というのも、神の喜びはご自身を与えることにあるからである。

テレーズは福音を読んで、何を見つけたのだろうか。マリア・マグダレナである。多くゆるされたから多く愛した人。そして、同じく放蕩息子と彼を迎え入れる父親の喜び——なぜなら、父親にとって無償で与える機会だからである。「悔い改める一人の罪人のためには、悔い改めの必要の無い九十九人の正しい人のためよりも、天においては大きな喜びがある」。罪が神に光栄を帰するのではない。神が光栄を受け「神が喜ばれる」のは、ご自分を与え、しかも無償で与えることができるからなのである。これこそテレーズの発見である。神の喜び、それは、功徳に応じてではなく、愛の必要、愛の本性的欲求から、正義（の尺度）を越えて、無償で与えることである」

（『わがテレーズ』25—26頁。傍点筆者）

私たちも、誰かにプレゼントをして喜んでもらえることは自分の喜びとなります。ここで神とは、愛である自身の愛を「慈しみ」という形で与えれば与えるほど喜ぶ存在であると語られています。放蕩息子の父の狂喜とはまさに、人間の悲惨という空の器に溢れるほどの愛を注ぎ与えることのできた神の喜びを表しているのではないでしょうか。

このような神の「行動様式」こそ、テレーズの言う「霊的幼子」の道の根本的裏付けとなります。

それでテレーズは、いつくしみの愛に身をささげることを切望する。これは、愛を受けることが目的ではなく、「神様を喜ばせる」ためである。（…）

福音の中で、神の国に入るためには、子供にならなければならない、という箇所をテレーズは読む。確かに、聖人でなければならないが、最も偉大な人とは誰か。それは最も小さな者。なぜなら最も弱い者であるから。最も賞賛に値するからではなく、その弱さと貧しさが、神に最大の器を提供し、神からすべてを受けさせるからである。ここに幼いイエスの聖テレーズの全神秘神学がある。

（27―28頁。傍点筆者）

福音書にある一見不可解なイエスのことば「幼子にならなければ、天の国に入ることはできない」は、このようなテレーズの教えに照らして理解したとき、その真の意味を明らかにするように思われます。

7　いつくしみと「福音宣教」

テレーズの教会博士宣言が世界宣教の日に行われたのは意味深いことです。それは、彼女の教えと霊性が、単なる個人の内的生活や敬虔な信仰生活にとどまらず、外へと広がってゆく使徒的ダイナミズムを秘めていることを意味します。

その最も良い例が最近列聖されたマザー・テレサです。マザーは、いつも自分の霊性は、小さきテレーズの霊性であると語り、ご自身もよくコルカタのカルメル修道院へ赴いて祈っておられました。

> わたしが愛するのはイエスの小さき花、リジューのテレーズのように単純な人たちです。わたしが彼女の名前を選んだのは彼女が平凡なことを非凡な愛をもって行ったからです。
>
> （ジャック・ゴティエ『イエスの渇き――小さきテレーズとマザー・テレサ』女子パウロ会、二〇〇七年、50頁。傍点筆者）

このマザーの言葉には、テレーズの生き方の特徴が浮き彫りにされています。平凡なことも非凡な愛で行うならば聖性へ到達するのだということ、それをマザーは「どれだけのことをしたかではありません、どれだけの愛をこめたかです」という有名な言葉で表現されていると思います。ただ一見楽そうなこの「日常」の聖性も、実は英雄的な意志と努力がなければ不可能であることは事実です。

教皇フランシスコがその大勅書で、私たちをまず招いておられるのも、この「平凡なこと」における「いつくしみのわざ」です。

> 神のいつくしみとは抽象的な概念ではなく、わが子のことでからだの奥からわき起こる親の愛のように、神がご自分の愛を明かす具体的な現実なのです。実に「はらわたがちぎれるほどの」愛ということです。この愛は深い自然な気持ちとして心からわき起こるもので、優しさ、共感、寛大さ、そしてゆるしの気持ちです。
>
> （大勅書、No.6、12頁）

この大勅書には、より古典的でわかりやすい身体的な慈善のわざに加えて、精神的な慈善のわざが付け加えられています。

疑いを抱いている人に助言すること、無知な人を教えること、罪人を戒めること、悲嘆に打ちひしがれている人を慰めること、もろもろの侮辱をゆるすこと、煩わしい人を辛抱強く耐え忍ぶこと、生者と死者のために神に祈ること（大勅書、No.15、26頁）

この中で、特に「煩わしい人を忍耐強く耐え忍ぶこと」は、特に私たち皆にとって身近なことであると思います。まことに日常的な状況、あまりにも平凡なこの状況を非凡な愛で、つまりできる限りのいつくしみを持って耐え忍ぶことは、神の恵みがあれば可能です。ただ、往々にして我々はこの平凡さから逃れ、遠くで人目に付く活動をする方が楽であると、そちらを選ぶような行動をしがちなのではないでしょうか。いつくしみを実際の行動で現そうとする時、みかけの大きさや量よりも、そこにこめられた愛の質を神は尊ばれるという真理に、教皇は我々を招いておられ、十字架の聖ヨハネの印象的な言葉を結びとして引用しておられます。

「夕べに、あなたは愛について裁かれるだろう」

最近発表された回勅『ラウダート・シ』の中でも、教皇フランシスコは、テレーズの模範に触れ、この平凡で小さないつくしみのわざが、エコロジーの霊性へとつながると述べています。

リジューの聖テレジアは、愛の小さき道を実践すること、また優しいことばをかけ、ほほえみ、平和と友情を示すささやかな行いのあらゆる機会を逃さないようにと、わたしたちを招いています。総合的《インテグラル》なエコロジーはまた、暴力や搾取や利己主義の論理と決別する、日常の飾らない言動によってもできています。(…)相互配慮のささやかな言動を通してあふれ出る愛はまた、市民性にも政治性にも見られるものでもあり、よりよい世界を造ろうとする一つ一つの行為において感じられます。(…)それゆえ教会は「愛の文明」という理念を世界に示したのです。

(教皇フランシスコ『ラウダート・シ』カトリック中央協議会、194―195頁)

テレーズのトレード・マークであるバラの雨とは、そのロマンチックな印象とは裏腹に、小さな犠牲にこめられた非凡な愛を象徴しており、そのような小さな愛のしずくの集積が教会の中でいつくしみの大河となり、宣教をうるおすいのちの泉となることを示しています。

あなたに私の愛を明かすために、私は花びらを投げるよりほかありません。つまりどんなに小さな犠牲も、一つのまなざし、一つの言葉も逃さずに、もっとも小さいことまでも皆利用して、愛によって行うことです。……愛によって苦しみ、また楽しむことさえ愛によってしたい……。（…）私は歌いましょう……。たとえ茨の中に花を摘まなければならないときでも、（…）このか弱い何の値打ちもない花びら、人々の心の中でもっとも小さい心が歌うこの歌の歌が、あなたの心を魅了することを……。

（『幼いイエスの聖テレーズ自叙伝』291―292頁）

教皇フランシスコは、いつくしみの神との出会い、愛の体験こそが、福音を伝えるための真の動機となるということを強調します。

わたしたちを閉鎖性や自己中心性から救い出すのは、神の愛との出会い――あるいは再会――のみです。この出会いは、幸せをもたらす友情になります。神に導かれるままであれば、自己を超えてより真の自己に到達し、人間以上になって初めて真に充実した人間になれるのです。そこにこそ福音宣教の泉があります。なぜなら、人生の意味を取り戻すその愛を受け入れた人は、他の人に伝えずにはいられないからです。

（教皇フランシスコ『福音の喜び』カトリック中央協議会、16頁）

それゆえに、人生の意味を喪失し、絶望と閉塞感の蔓延する現代において、新しい福音宣教が模索される今、「一刻を争うほど緊急に、神のいつくしみを告げる必要性」について語られたのではないでしょうか？　なぜなら、神のいつくしみという泉から、いのちの水を汲むことなければ、福音宣教はいずれ枯れ果ててしまうからです。その「いつくしみ」こそが、「喜びの源、静けさと平和の泉」であり、すべての希望の源であるからです。

家庭における愛――使徒的勧告『アモリス・レティツィア（愛のよろこび）』を読む

武田なほみ

はじめに

二〇一六年三月、教皇フランシスコは、使徒的勧告『アモリス・レティツィア（愛のよろこび――家庭のよろこび・教会のよろこび）』（以下『愛のよろこび』）を発表しました。使徒的勧告とは、信仰生活について、教皇が司教や聖職者、修道者、信徒などに向けて書き送る文書で、しばしば世界代表司教会議（シノドス）の後に、会議での討論をふまえて出されるものです。『愛のよろこび』は、家庭をテーマに、二〇一四年十月と二〇一五年十月の二度にわたって開かれたシノドスをふまえて出されました。家庭についての使徒的勧告と言えば、一九八一年に教皇ヨハネ・パウロ二世によって出された『家庭――愛といのちのきずな』がありますが、それから三十五年を経た今、世界中で家族は、家庭内においても、教会や社会、世界との関わりにおいても、以前に増して多様な困難や分断の傷を抱え、癒しや和解を必要としています。その現実に向き合いつつ出されたのがこの文書です。

カトリック教会が公にする、結婚と家庭に関する勧告と聞くと、すぐに「保守的」というイメージが先立つかもしれませんが、教皇フランシスコは、家庭に関することに限らず、はじめから教会の教えを前面に出してそれを一方的に主張するようなスタイルをとることがありません。むしろ、イエスが自ら人々のいるところへ出かけていって、もっとも助けを必要としている人たちと出会っていったように、自分が相手のところに出かけていって、その生の声に耳を傾け、対話する姿勢を大切にします。シノドスでは、その準備段階から、司牧の現場で多くの家族に接している人々の声を聴くことが大切にされました。本会議では参加者全員が忌憚なく発言し、お互いに聴きあい、対話することが求められたと言われています（「家庭に関するシノドス臨時総会を振り返って」教皇フランシスコ『家族――教皇講話集』カトリック中央協議会、ペトロ文庫、二〇一六年所収参照）。そのように私たちもまた互いに顔と顔とを合わせて出会い、耳を傾けあい、対話し、ともに祈り、神のいつくしみに触れられ支えられながら、キリストを中心とする家族となっていくよう、教皇は招きます。誰ひとりとして完璧な人間は存在せず、また、誰ひとりとして神のいつくしみから排除されることはない。まずは神の深いいつくしみに立ち戻り、そこから私たちの置かれた現実の状況の中で何がもっともキリストに従う道であるのかを識別しながら一歩ずつ進んでいきましょうという教皇のメッセージが、本勧告の中には一貫して響いています。

本稿では、使徒的勧告『愛のよろこび』の主な内容を追いながら、私たちにとってもっとも身近であり、また身近であるからこそ様々な難しさにも直面する、家庭における愛について、ご一緒に考えてみたいと思います。

1　使徒的勧告『愛のよろこび』――家庭の福音

冒頭の語に示唆される二つの招き

使徒的勧告『愛のよろこび』の第一項は、「家庭で経験される愛のよろこびは、教会の喜びでもあります」という一文で始まります。この冒頭は、二つの教会文書を想い起こさせます。一つは二〇一三年に同じく教皇フランシスコによって出された使徒的勧告『福音の喜び』です。第一項は「福音の喜びは、イエスに出会う人々の心と生活全体を満たします」という文で始まります。『愛のよろこび（Amoris Laetitia）』も『福音の喜び（Evangelii Gaudium）』も、文書の題名となる冒頭の二語の中に「喜び」という語が入れられ、私たちがまず喜びに目を向けるよう促します。キリストに出会い、神の愛といつくしみの内に受けいれられる喜び、そして、その愛に満たされてともに生きる喜びにまず立ち戻り、より深くキリストの愛を生きることへの招きが、冒頭の語に込められているように思われます。

想い起こされるもう一つの文書は、第二バチカン公会議後に出された『現代世界憲章（Gaudium et Spes）』です。第一項の冒頭は「現代の人々の喜びと希望、苦悩と不安、とくに、貧しい人々とすべての苦しんでいる人々のものは、キリストの弟子たちの喜びと希望、苦悩と不安でもある」という文章です。こちらも「喜び」という言葉で始まりますが、『現代世界憲章』第一項のこの一文は、教会がすべての人々、特に貧しさや苦しみの内に置かれている人々とともに歩む存在であることを宣言するものです。『愛のよろこび』の冒頭で「家庭で経験される愛のよろこびは、教会の喜びでもある」と述べる教皇は、教会がすべての家族と、その愛のよろこびも、その傷の痛みも、ともに経験するものであることを改めて宣言しているのです。

教会は神のいつくしみによって生かされる一つの家族であり、何のけがれも傷もない人の集団ではない。中には困難を抱えた人や傷に苦しむ人、弱さを持つ人がいる。その誰もが家族の一員であり、神の愛といつくしみからは誰ひとりとして締め出されることがない。その教会の姿勢を、『愛のよろこび』は冒頭の一文で表しています。

文書の概要

『愛のよろこび』は、序章と九つの章で構成されています。各章のタイトルは次のようになっています。

第一章　みことばの光の内に
第二章　家庭が直面している現実
第三章　イエスを見つめて――家庭の召命

第四章　結婚における愛
第五章　実り豊かな愛
第六章　いくつかの司牧的視点
第七章　子どもたちのより良き教育に向けて
第八章　導き、識別、弱さの受けいれ
第九章　結婚と家庭の霊性

文書全体の流れとしては、聖書的なまなざしをもって、現代の家庭が直面する現実を見て（第一—二章）、イエスに目を向けて家庭を考え、教会の教えを確認し（第三章）、聖書に基づいて夫婦の愛と家庭について黙想し思索を深め（第四—五章）、司牧的・実践的な考察と助言を与え（第六—八章）、全体をまとめつつ祈りの内に歩むことへと招く（第九章）形です。

本勧告は、結婚と家庭について、教義的にこれまでと異なる新しい教えを打ち出すものではありませんが、キリストの愛を日々、家庭で生きることの深みの次元とその喜びを語り、同時に、身近であるからこそ経験される傷や痛み、悲しみ、弱さを、教会は「家族の家族」として、そして「母なる教会」として、どのように受けいれ寄り添うかという、今日的な視点と姿勢を示しています。以下にその内容を概観してみましょう。

2　聖書的なまなざしで現実を見る

聖書の光に照らされて

『愛のよろこび』第一章では、聖書に述べられるいくつかの家族の姿が想い起こされます。聖書は抽象的な概念を並べ立てるのではなく、神と人間の生きいきとしたかかわりを伝えています。完璧で理想的な家族とは言い難い家族も、罪深い人たちも登場します。その人々を憐れみ深く、忍耐強く導く神のいつくしみが語られます。だからこそ聖書は、具体的な喜びや困難、苦しみの中に生きるすべての家族にとって、慰めと導きの泉になると教皇は述べます。聖書的現実主義と言いましょうか、教皇は、人間が経験している現実を、単に客観的に分析したり批評したりするのではなく、共感と痛み、愛をもって、聖書が示すまなざしで見ることへと私たちを招きます。

第一章の後半では、幼子を抱く母親と幼子の間に経験される、あたたかくやわらかな親しさといつくしみ、子のために自身を与え尽くそうとする親の愛が想い起こされます。そして、聖家族に目が向けられます。幼子イエスを迎え、抱き、守り、対話し、大切に世話をしてともに成長したヨセフとマリア。この家族は、為政者の横暴のために故郷を離れざるを得ない経験をした家族でもあります（マタイ2章参照）。日々の生活の中にイエスを迎え、守り、心を開いて神の思いを求め続け、助けあってともに歩んだ聖家族を想い起こしながら、私たちも歩みましょうと教皇は呼びかけます。

具体的な現実に立つ

第二章では、現代社会の光と影に目を向けて、今日の結婚と家庭が直面する状況を考えます。教皇はまず、個人主義に触れます。家庭や社会において、個人の自由が尊重されることは大切ですが、極端な個人主義のもとでは、人は自分の快楽や自分が欲しいものを手に入れることに心血を注ぎ、次には自分が得たものを奪われまいとして非寛容になったり人に敵意を抱いたりします。自由も、その自由をもって何に向かうのかという理想や意志、自らを律する態度と他者への敬意が養われなければ単なる身勝手さへと堕してしまい、愛ゆえに自らを与える生き方が忘れ去られていきます。結婚し夫婦として生きるということは、夫婦が互いに、相手である一人の人と永年にわたる特別な絆を結ぶことを意味します。その特別な関係を保って人生の旅路をいく歩みには、「自分第一」の個人主義を越えた、お互いの忠実や献身が必要ですが、その安定した関係をあたかも自分を束縛する窮屈なものと捉えて面倒に感じる傾向が現代人にはあるのではないかと教皇は指摘します。

さらに教皇は、インターネットやSNSなどを通して容易に自分が求める情報を得たり人とつながったりすることが可能になった反面で、現代社会には「短命の文化」とでもいうべき風潮が広がっていると言います。その時その場で自分が必要とするものを便利に使い捨てる消費生活に慣れ、物だけでなく人との関係すらも、自分に都合の良いように簡単につながっては、ひとたび用済みとなるとその関係を切って捨てることを繰り返し、常に一時的な「かりそめ」のものであり続ける。その中で人は、何が真に変わらぬ価値あるものなのか分からなくなり、何に対しても、誰に対しても、本気になって関わったり、自らを削って献身したり愛しぬいたりすることがなくなってしまう。家庭すら、そのような「かりそめ」の場になりかねない現実がある一方で、人々は孤独を恐れ、あたたかく親密で忠実な関係や、自らを懸けて専心することのできるような真理や価値への憧れを抱いてもいると教皇は述べます。教会は人々や家庭に寄り添いながら、そうした求めを理解し、受けとめて、人々の成長や幸せにつながる道を示し、導くことが大切だと述べられます。

勧告の第二章では現代の家庭が直面する具体的な状況として、出生率の低下、住宅事情、若年層の就職難、長時間労働と家族が一緒にすごす時間の少なさ、貧困と貧困家庭の子どもたちの教育機会、子どもたちに対する虐待、戦争や政情不安等のために祖国を離れざるを得ない家族、障がい等の理由で特別なニーズを持つ家族の支援、高齢者の尊厳が保たれる生活、一人親家庭の子どもたちのケア、薬物をはじめとする様々な依存症、家庭内暴力や性暴力、男女の産み分けなど親の欲求が第一にされる生殖医療などが言及されます。教皇は、教会と司牧者がこうした現実に目を向けて、苦しんでいる人々に寄り添うこと、そして、複雑な状況の中でもがき傷ついている人々の痛みを顧みることなく一つの物差しを誰にでも当てはめて裁くことのないよう求めます。教会は人々に重荷を課すのではなく、むしろ人々の良心を尊重し、耳を傾け、ともに祈り、それぞれの識別を助けて歩む存在であると述べられます。

3　家庭の召命――愛といのちの共同体

キリストに結ばれて一つ

勧告の第三章で教皇は、聖書と教会の文書をひもといて、家庭の召命について考察します。初めに、根本にあるのは私たちのためにご自身を与え尽くそうとされる神の愛であることを確認します。続いて、新約聖書の他、『現代世界憲章』（特に第47項から52項）、『家庭――愛といのちのきずな』、『フマーネ・ヴィテ』、『神は愛』などの文書が取りあげられます。ここでは現代のカトリック教会における結婚と家庭に関する理解を、①夫婦が互いに自己を与えあう全人格的な結び、②キリストに結ばれた愛と忠実の生への招き、③新たないのちに開かれている「いのちと愛の共同体」という三点を中心に押さえておきましょう。

『現代世界憲章』は家庭を「いのちと愛の共同体」と定義し、それは「結婚の誓約、すなわち取り消しえない主体的同意を基礎とする」（48項）としています。誓約という語に含意されるのは、相互の愛と信頼に基づく自発的で主体的な意思の交換であり、思いも感情も行動も、すべてを含む全人格的な関係です。自由をもって結婚の誓約を交わしたキリスト者夫婦は、愛ゆえに自らを与え尽くされたキリストに結ばれて、イエスが人々を愛したのと同じように互いを愛し、仕えあい、与えあいゆるしあって一つになっていくよう招かれます。それは、日々、聖霊に息吹かれ助けられて、夫婦が二人でありつつ「一つの心、一つの魂」（『家庭――愛といのちのきずな』13項）を持つような、一つの人格的共同体となっていく歩みです。

全人格をかけて互いに与えあう愛を生きるということは、その他の可能性を自分のために留保しておくことなく忠実を尽くすことでありましょう。それは必然的に、その絆の不解消性を含みます。考えてみると、結婚を決めた時からどんなに状況が変わっても、変わらずに唯一無二の相手としてお互いを受けいれあい、ゆるしゆるされ、仕えあって、それぞれの人生の出来事を夫婦二人の出来事として受けとめて、深い人格的一致へと歩みゆくことは、「わたし」一人の力では決して実現されることのない恵みです。婚姻の不解消性とは、元来、決して重荷ではなく、たまものです。

このような忠実と与えあう愛を生きる夫婦は、自分たちだけがその愛を生きるのではなく、新しいいのちを迎えいれることに開かれ、子どもを守り、育み、愛を伝えていく使命を持ちます。互いに与えあう愛とその愛への忠実を生きる家庭そのものが、ご自身を与えてくださる神の愛を指し示すしるしとなり、またそれほどに深い神の愛と忠実を証しする道具となっていくこと。キリスト者夫婦は、この召命を生きるよう招かれています。カトリック教会は結婚を秘跡（神の恵みの目に見えるしるし）としていますが、その意味は、夫婦が互いに仕えあって生きる、そのただ中に神がともに住まわれ、二人の具体的なかかわりを祝福し、聖化されるということでしょう。恵みによって夫婦の愛と忠実の絆は、キリストと教会の関係を映す絆となり、救いの証しとなるのです。

4　夫婦の愛――愛に留まり、愛から出発する

結婚と愛を黙想する

『愛のよろこび』第四章では、コリントの信徒への手紙一13章4―7節の黙想に基づいて、家庭、特に夫婦の愛が語られます。日々の生活で誰もが経験することに触れながら具体的に人間の愛を語るこの章は特に味わい深く、分量的にも内容的にも、『愛のよろこび』の中心になっています。黙想されるのは、結婚式で必ずと言っていいほど朗読される、「愛の讃歌」の数節です。

愛は忍耐強い。愛は情け深い。ねたまない。愛は自慢せず、高ぶらない。礼を失せず、自分の利益を求めず、いらだたず、恨みを抱かない。不義を喜ばず、真実を喜ぶ。すべてを忍び、すべてを信じ、すべてを望み、すべてに耐える。（Ⅰコリント13・4―7）

「愛は忍耐強い、愛は情け深い」

「愛は忍耐強い」と言われる際の忍耐強さは、旧約聖書で神が「怒るに遅い」と言われるのと同じ意味合いだと教皇は述べます。知恵の書では「全能のゆえに、あなたはすべての人を憐れみ、回心させようとして、人々の罪を見過ごされる」（11・23）と言われます。何かに衝動的に反応して相手を攻めるのではなく、相手が自ら気づいて改める可能性に開かれているあり方。そうした

忍耐強さは、人を信頼して、自らご自分のもとに戻ってくるのを待つ神の、憐れみ深い強さです。私たちの日々の生活でも、「わたし」が「わたし」のままで神に愛されているように、目の前の相手も神の憐れみの内に受けいれられていることを思い起こしましょうと教皇は述べます。

この「忍耐強い」と次の「情け深い」は、原語では並行する形で置かれています。パウロはこの二つを等しいものと捉えているのでしょう。つまり、ここで言われる忍耐強さは、単に何か相手の望ましくない点をこちらが受け身的に忍耐することではなく、むしろ能動的に相手とかかわり、相手にとってよき助け手であるよう準備ができていることを意味します。

「愛はねたまず、自慢せず、高ぶらない」

ねたみは、誰かに良いことが起きた時に「わたし」の内に生じる悲しみの一つの形であると教皇は述べ、このことは、私たちが非常にしばしば、人の幸せではなく自分自身の幸せや安寧を願っていることを示していると言います。「ねたまない」愛とは、他者を自分の競争相手として見るのではなく、神がその人を見るまなざしで見ること、そして、相手に与えられているよいものを認め、敬意を払うことだと述べます。

愛する人の視線と意識は、自分ではなく他者に向けられています。その人は目の前の相手に意識を向け、自分よりも相手のために心を砕くので、人々の関心や賞賛を得るために自分を大きく見せる必要がありません。パウロは別の箇所で「知識は人を高ぶらせるが、愛は造り上げる」

（Ｉコリント8・1）と述べます。人は多くの知識を持つことによってではなく、より小さな存在に心を寄せ、相手を抱き、担うような愛によって「一番」になる（マタイ20・26参照）ことを、私たちは家庭の中でも折にふれて想い起こす必要があるかもしれません。家族の中で、信仰に関して多くの知識を持たない人や熱心には見えない人に対して、信仰者はどのようにふるまっているか、気をつけてみるようにと教皇は促します。家庭こそ、お互いの良さを喜びあい、仕えあい、担いあう場でありたいものです。

「礼を失せず、自分の利益を求めず、いらだたず、恨みを抱かない」

愛することとは、相手がどんなに近しい存在であっても、その相手のことをすべて知っていると思いこんでしまわずに、常に新たに相手を「再び（re）」「見る（spect）」開きと尊敬（respect）、感受性と慎みをもって関わることでありましょう。「礼を失」していない愛は、他者と出会うために開かれていて、相手を思いやりのある目で見るものですと教皇は述べます。そしてそうした目を持つ、愛する人からは、相手に慰めや励ましの言葉がかけられることが多いものだと言います。イエスも、人々や弟子たちに、「子よ、元気を出しなさい」（マタイ9・2）とか、「安心して行きなさい」（ルカ7・50）、「恐れることはない」（マタイ14・27）という言葉をかけました。私たちもまず、もっとも身近な家族との間で、お互いに相手を力づけ生かす言葉をかけられるよう、イエスに倣うことを心がけましょうと教皇は呼びかけます。

このように教皇は、この使徒的勧告の随所で、日々の家庭生活に直結するような具体的な助言を交え、その肉声が聞こえてきそうなパーソナルな語り口で家庭における愛と慰め、理解とゆるしを語り、与えあうかかわりを生きることへと招きます。「いらだたず、恨みを抱かない」については、内なる憤りが他者を傷つける方向に働くことを指摘した上で、家族の中では何かわだかまりが生じた時に和解しないまま一日を終えることがないようにと助言します。そして、仲直りするためには何か言葉を重ねるのでなくとも、軽く相手に触れるなど、その家族なりの、何かごく小さな日常の仕草や表現があるものですと述べて、私たちが自分の家庭の日常の中で実践できることへと意識を向けます。

いらだっている時の内なる憤りを考えてみると、その憤りは人に向かうだけでなく自分自身にも向かっていることが分かります。人をゆるすことは、自分自身を受けいれゆるすことをも含むのでしょう。私たちは、日々もっとも身近な家族とのかかわりの中で、ゆるすことを学んでいくのです。その際に基盤となるのは、この「わたし」自身が、恵みによって神から先に受けいれられ、ゆるされていることに立ち戻ることにほかなりません。

「不義を喜ばず、真実を喜ぶ」

日々の暮らしの中で、私たちは何を喜びとしているでしょうか。教皇は、私たちの心の深みにある態度をよく見るよう促します。そして、「真実を喜ぶ」とは、他者の良さを喜び、相手が幸せであることを喜びとすることであり、それを通して神に栄光を帰すことであると述べます。さらに「喜んで与える人を神は愛してくださる」（Ⅱコリント９・７）という言葉を引き、家庭の日常的なかかわりの中でこそ、自分の求めや利を優先するのではなく人の幸せを喜び、与える喜びを学びましょうと述べます。何かよいことがあった時、家族がきっと一緒に喜び祝ってくれると家族の誰もが感じていられるかかわりを築きたいものです。

「すべてを忍び、すべてを信じ、すべてを望み、すべてに耐える」

教皇は「忍ぶ」という語には他の人が間違っているかもしれないことに関して、すぐに断罪したり裁いたりすることなく自らを抑えて平安を保つという意味が含まれていると述べます。そして、人を悪く言ったり中傷したりすることがないように自らの舌に気をつけましょうと述べます。愛はむしろ人の良さを伝える言葉を喜ぶものであり、特に夫婦の間では、お互いに相手の弱さや欠点をあげつらうのではなく、良さを伝えあうようにと勧めます。自分が完璧だから相手に受けいれられ愛されていると断言できる人は誰もいないでしょう。愛は、完璧でないものと一緒に暮らしていくことですと教皇は言います。

「すべてを忍び」と「すべてに耐える」の間に挟まれる形で、「すべてを信じ、すべてを望み」と謳われます。「信じ」という語は、認識のレベルで何かを信じるというよりも、むしろ人格的に相手を信頼することを意味します。夫婦の間では、相手をコントロールしようとするのではなく、信頼して相手の自由を尊重することでしょう。信頼しあう夫婦は、お互いの家庭の外での経験や恵みを、屈託なく分かちあいます。そしてお互いを通して新たに出会う世界に開かれていますす。相手を、成長して変わっていくことができ、予期しなかった美しさや可能性を発揮することのできる人だと信頼する、愛する人は、将来に絶望することがないと教皇は述べます。信頼し、愛し、希望する人は、自らの十字架を担いつつ、神がいずれ完成へと導いてくださることを信じて、忍び、委ねることができます。その希望は、永遠のいのちへの希望につながっています。

ともに成長する

将来に何が起き、相手も自分もどのように変わっていくか分からない中で、生涯をともにすると決断して歩むことは、神への信頼と相手に対する信頼に助けられて可能になることでしょう。結婚は、私たちが自分の育った家を後にし、また、未熟な個人主義を後にして、一人の人と深く固い絆を結び、相手に対する責任を引き受けていくことです。

教皇は、結婚による愛は聖霊に助けられて、キリストと人間との間に結ばれた、決して破棄されることのない約束を映すものとなると述べます。結婚の誓約を交わして夫婦がその愛を生きるということは、お互いが無条件に愛されるべき価値ある人であると社会に示し、困難にある時にも、また新たに魅力的なものが現れた時にも、決して捨て去られることがないことを示すものなのです。私たちは皆、不完全で、どこかに傷や弱さ、欠けを持つ存在ですが、そうであるからこそ、より成熟した愛を育み、一致を深め、ともに成長していくよう招かれます。そのためにも、まず、家庭で、子どもたちとともに、「○○してもいいですか、お願いします」「ありがとう」「ごめんなさい」という三つの言葉を使いましょうと教皇は助言します。

教皇フランシスコのメッセージには、しばしば「開かれていましょう、対話しましょう、相手に聴きましょう」という呼びかけが含まれています。家庭においても、夫婦が時間をとってお互いの話に注意深く耳を傾け、対話するよう促します。夫婦の対話は、お互いの人生の分かちあいでもあります。豊かな分かちあいのためには、それぞれが読書や黙想、祈りを通して内的な豊かさを育み、自らの考えを相手に伝わるように話すことを学び、相手に触れられて自分が変わっていくことに対して開かれていることが大切です。ともに食卓を囲んでお互いの人生の旅路での経験を分かちあい、喜びや悲しみをともにし、祈りながら夫婦は一致を深めていきます。

実りをもたらす愛

自らを与える愛は、いのちを生み出します。夫婦の愛は、お互いの間に留まるのではなく、二人の外へと広がっていきます。夫婦は、いのちをもたらす神の愛を、この社会の中で映し出す役割を与えられていると言えるでしょう。『愛のよろこび』第五章では、夫婦が新しいいのちを迎えいれ、親になることを通していかに神の愛の運び手になることへと招かれているか、語られます。子どもがこの世に生まれ出る前から、その容姿や能力といったことに関係なくその子を愛《いと》おしみ、誕生を心待ちにし、大切に守り育もうとする親の愛。その愛は、私たちがどのような者であれ先に私たちを愛し、一人ひとりをいつくしまれる神の愛を指し示すものです。

子どもは名を与えられ、暖かい住まいや栄養、微笑みや気遣い、言葉を与えられ、愛情を注がれて人生を歩み始めます。その子の名を呼んでいつくしみの目を注ぎ、抱き、見守る母親との安定したかかわりの中で、子どもは世界や他者への信頼と親しみを深めていきます。その安定感と信頼は、その子の生の土台を形づくります。教皇は、すべての母親がこのように与える愛の力と特別な使命を持っていると述べます。さらに、子どもは家庭の中で自分と親の関係を通してだけでなく、両親が互いに自らを与えあう愛に接することを通しても、人が互いの違いを尊重し、与え与えられながら、ともに生きることを学ぶのですと述べ、子どもが父親と母親の双方を持つ基本的な権利を軽んじることのないよう訴えます。

教皇は子どものない夫婦についても言及し、子どもを授からないことが、その夫婦にとって大きな悲しみや苦しみになり得ることに理解を示しつつ、『現代世界憲章』第50項を引いて、結婚が生殖のためにだけあるのではないこと、誓約を通して築かれていく家庭が愛といのちの共同体であることに変わりはないこと、そして、それゆえに婚姻の不解消性は保たれることを指摘します。さらに、養子を迎える可能性にも触れ、夫婦の愛を外に向けて広げ、誰かをありのままに「家族」として迎えいれることを、その難しさも含めて受けとっていくことは、「女が自分の乳飲み子を忘れるであろうか。母親が自分の産んだ子を憐れまないであろうか。たとえ、女たちが忘れようとも、わたしがあなたを忘れることは決してない」（イザヤ書49・15）と言われる神の愛の伝え手になっていくことでもあると述べて励まします。

第五章ではその他、高齢者の尊厳と役割が大切に守られることの必要性などについても触れられますが、一貫して述べられるのは、夫婦間の愛とは、それがより深くより豊かになるほど、お互いの間にだけ留まって自分たちの小さな巣の中で幸せを守って孤立するのではなく、外に向かって開かれて、血縁や姻戚関係を越えて人と出会い、かかわり、誰かが持つ傷の痛みに応えてその傷口を覆い、つながり、より広い意味での「家族」となっていく実り豊かなものであるということです。そうした「出会いの文化」の促進と「家族化」の使命を担うことにキリスト者たちは招かれていると教皇は述べます。

5　ともに歩む教会

出向いて出会う

ここまで見てきたように、キリスト者の家庭は本来、結婚の秘跡の恵みによって喜びに満たされ証しする小さな教会です。しかしその家庭で、家族の一人ひとりがその尊厳を守られ、お互いを与えあい、ゆるしゆるされ一つであることや、豊かな実りをもたらす愛を生きることを十分に経験できていない現実があるならば、教会はそうした家庭が直面する諸々の困難とその状況を理解し、それぞれに寄り添う司牧的なかかわり方を新たに見出していく必要があります。教皇は個々の共同体や小教区に、具体的なかかわりを通して識別していくことを求めます。

勧告の中で挙げられる提言には、たとえば、まず司祭や司牧に携わる人々が家庭内暴力や性的虐待に関する理解を深め、司牧的ケアの養成を受けること、婚約中の男女や新婚の夫婦が対話し、互いに学びあう機会をつくること、世代の異なる夫婦どうしが交流する場を設けることなどがあります。さらに、秘跡や黙想指導、個別の司牧的なかかわりを通して、各家族の成員がそれぞれに神の愛に触れられ、古い傷に向き合い、癒され、解放されていくよう支え励ますこと、暴力等により夫婦の離別が避けられない場合の識別を助け、もっとも弱く小さな存在である子どもたちを守ることが挙げられています。

教会や信仰生活から離れている家庭のためには、子どもの初聖体や教育、親戚や友人の結婚式、葬儀などで人々が教会に戻ってくる機会に、司牧者や教会員が声をかけてかかわり、迎えいれること、家の祝福などが求められるなら求めに応えて出向いていくことなどが勧められています。また、家族と死別して悲しみの闇にある人々のためには、その悲しみの時に静かに寄り添いつつ、死に勝る愛をともに想い起こし、永遠のいのちへの希望を新たにしていくことが語られています。

人々が生活しているところに出ていってかかわり、耳を傾け、出会う人が真に必要としていることをともに探し、今助けを必要とする一人ひとりが、神のいつくしみに触れられることを大切にすること。まさにそのように生きたイエスを見つめ、キリストに結ばれて、私たちが今ともに生きる兄弟姉妹に目を向けて歩むこと。その根本に日々新たに戻ることが呼びかけられています。

受容と識別

司牧の面で『愛のよろこび』の内容を特徴づけるキーワードは、「受容と識別」でしょう。第八章で教皇は、キリスト者の結婚は、キリストと教会の一致を映しだすものであり、それは男女の自由な誓約に基づき、深い人格的一致といのちの伝達に開かれており、死が二人を分かつまで互いに相手の無二の助け手として愛と忠実を尽くして自らを与えあう絆であると述べ、従来の教会の教えを確認します。しかし同時に、母なる教会はその子らの弱さや脆さを知り、心を痛め、子の幸せを願って見守り、世話するものでもあると述べ、教会の仕事はしばしば野戦病院のようであることを忘れないようにしましょうと言います。傷ついている者を受けいれ、その癒しと救いのために、識別して行動することが求められます。

たとえば結婚の破綻は、神の望みに反することでしょうけれども、そこに至るそれぞれの事情や責任は異なっているでしょう。破綻に追い込まれた人たちや新たに別の絆を結ぶ人たちが教会の交わりから外されてしまうことのないように、ふさわしい配慮と識別がなされるよう司牧者に求めます。海外ではこの文脈で勧告の脚注351に引用されている『福音の喜び』47項の一節が話題になったようです。そこでは、「聖体は秘跡の頂点ですが、完璧な人のための褒美ではなく、弱い者のための良質な薬であり栄養です」と述べられています。これは、離婚し再婚した信者の聖体拝領に可能性を開くもので、それぞれの人の状況に応じて識別することを励ます「受容と識別」の一つの例でしょう。

一つのものさしをどこでも誰にでも一律に当てはめて、そのものさしに外れているという理由で誰かを断罪したり非難したりするのではなく、個々の状況に配慮し、その状況に至った背景を考え、人々の良心を尊重し対話して真実を識別していくこと。それと同時に、一つのケースを全体へと引き上げて、なし崩し的に前例主義に陥らないこと。それは、「なんでもあり」の相対主義に陥ることを防ぐためだけでなく、本来なら個別の司牧的配慮とケアがなされることで真の癒しと救いに近づいていくことができるような状況もある中で、その可能性を狭めてしまわないためですと教皇は述べます。

おわりに

夫婦がともに年齢を重ねていく歩みは、結婚の誓約を交わした当初には考えもしなかった出来事に出会いながら、支えあい、助けあい、与えあって「一体」になっていく歩みです。その歩みは、子どもたちが生まれ、育ち、親たちが高齢になっていく歩みとも重なりあいながら、様々に新しい経験や課題、困難、弱さや未熟さに向きあい、より深くキリストに結ばれて、一致を深めていく歩みでありましょう。家庭は、私たちがもっとも身近なかかわりの中で、与えあい、ゆるしあって生きることを学ぶ、学び舎です。夫婦は、そして家族は、その修練をともにしながら、日々お互いに新たに相手に出会う喜びや驚きに恵まれ、いのちを養われて、家庭の外にもこの愛と喜びを運ぶ役割を担います。

幼子イエスを家族の真ん中に迎えいれ、守り、大切にし、耳を傾けて、ともに成長する――聖家族に倣って、私たちも日々、キリストを中心とする家族となっていくように、そしてキリストに形づくられてより深い「愛のよろこび」を生きる家族になるように、招かれています。

なお、教皇フランシスコの使徒的勧告『愛のよろこび』で語られる内容の多くは『家族――教皇講話集』(ペトロ文庫、カトリック中央協議会、二〇一六年)にも、講話の形で平易に語られています。子どもの教育など、本稿では十分に触れることができなかった部分もありますので、勧告と併せて一読されることをお勧めします。

あとがき

二〇一五年十一月十三日、パリの中心部で同時多発テロ事件がおこり、百名を超す死者、三百名を超す負傷者が出た事件はまだ私達の記憶に生々しく焼き付いています。その一か月後の十二月八日から二〇一六年十一月二十日までを教皇フランシスコは、「いつくしみの特別聖年」と宣言したのです。憎しみと不寛容、報復の応酬が続く世界情勢の中、それは一つの挑戦と言ってもよい出来事でした。

それによって二〇一六年は、神のいつくしみとあわれみについての根本的な再考と回心を促される年となりました。さらにそれは、私達の信じる神とは、いったいどのような方であるのか、という根本的問いに向き合う機会ともなりました。

従って、二〇一六年の講習会では、ただこの聖年の意味を解説するといった表面的なアプローチにとどまらず、キリスト教の根源である神の本性についての深い考察がなされました。

旧約聖書を専門とする佐久間勤氏は、旧約聖書における「いつくしみ」（ヘセド）が「いつくしみとまこと」と描写される「まことのいつくしみ」であることに着目します。そして、その真のいつくしみこそが、世界に秩序をもたらし、恢復《かいふく》し、それを永遠に保つというダイナミックな力であることを詩編の分析から導き出しています。不正や暴力がいかに世界を混乱に陥れるかを目の当たりにするにつけ、すでに旧約聖書で描かれているこの神のいつくしみこそが、人間社会の希望であることを思わずにはいられません。

続いて、川中仁氏は、旧約・新約聖書を貫く形で「いつくしみ」と「あわれみ」のかかわりについての考察を深めてゆきます。そして、聖書的基盤を出発点として、第二バチカン公会議以降、ヨハネ二十三世から教皇フランシスコまでの歴代の教皇達が「いつくしみ」と「愛」の二つの用語をどのように強調して用いてきたのかに光をあてます。第二バチカン公会議の霊性そのものが愛であり、具体的には人間への奉仕であるという指摘は、この公会議の役割を端的に表しています。このような教会史的背景と流れを理解すると、教皇フランシスコのイニシアチブの意味がより鮮明に浮かびあがってきます。

典礼を専門とする具正謨氏は、従来「告悔」と呼ばれ、暗い懺悔《ざんげ》のイメージが一人歩きしがちな「ゆるしの秘跡」のより現代的な深い意味を聖書とともに明らかにしてゆきます。そして、この「ゆるしの秘跡」こそが神のいつくしみを最も端的に表し、それを体験することができる秘跡であることを浮き彫りにします。ゆるしの秘跡は、「秘跡を受ける人間が真のいのちと再び結びつき、神との交わりを回復することで、神の愛とゆるしに目を開くことが出来るよう促すサクラメント」であるからです。

倫理神学の観点から、竹内修一氏は、赦しの難しさと可能性について、具体的な死刑囚の事例や、聖書からの豊富な引用を元に解き明かしてゆきます。赦しによって、私達は真の和解と平和へと導かれます。そして平和こそが神によって与えられる慈しみの体現であるのです。

みずからも家庭人である武田なほみ氏は、二〇一六年三月に発表された教皇フランシスコの使徒的勧告『愛のよろこび（アモリス・レティツィア）』を紹介します。人間が神のいつくしみを始めに体験する場である「家庭」は、現代社会の緊急の課題です。今、もっとも赦しと和解を必要としているのは、「家庭」であると言って過言ではないからです。この勧告が、決して単なる理想論に留まらず、今日的視点と具体的な提言により、現代人への生きた指針となり得ることが要点を押さえて紹介されています。

「いつくしみの神秘を観想する」と題して、私は、教皇フランシスコとリジューの聖テレーズのかかわりを取り上げました。このテレーズこそ、神のいつくしみを、現代人に響く形で伝えることのできた人だからです。彼女が教会博士となった時に、ヨハネ・パウロ二世が「神の愛の博士」と呼んだのはその理由からでした。

これらの論考から神の「いつくしみ」「あわれみ」の汲み尽くすことのできない深さ、そのダイナミックな変容の力を少しでも感じ取っていただくことができれば幸いです。

無力なまま十字架上で息絶えたイエスは、復活の後弟子達に現れ、世界を少しずつ変容させてゆきました。同様に、一見無力な神の「いつくしみ」と「あわれみ」こそが、歴史の闇を切り開き、世界に復活と再生の黎明をもたらす力を持っていることを信じ歩んでゆきたいと思います。ゴルゴタの闇から、光へと導かれていったあのエマオの弟子たちのように。

いつくしみは二つの心、すなわち人間の心とそこに来てくださる神の心との出会いであるため、人の心を新たにし、あがないます。人の心は、神の心によって温められいやされます。

わたしたちの石の心は肉の心に変容され（エゼキエル36・26参照）、その罪深さにもかかわらず愛することができるようになります。わたしは自分がまさに「新しく創造されること」（ガラテヤ6・15）を知るに至りました。わたしは愛されたからこそ、わたしは存在する、わたしはゆるされたからこそ、新たな生に再生する、わたしはいつくしみを受けたからこそ、いつくしみの道具となるのです。

（教皇フランシスコ　使徒的書簡『あわれみあるかたと、あわれな女』二〇一七年二月十三日）

終わりに、この出版を変わらぬいつくしみと忍耐で支え続けてくださっている日本キリスト教団出版局の加藤愛美氏に心からの感謝を申し上げます。

二〇一七年二月四日

片山はるひ

編著者紹介（50音順）

片山　はるひ（かたやま・はるひ）

1959年東京都生まれ。上智大学フランス文学科卒業、同大学院博士課程修了。フランス・プロヴァンス大学にて文学博士号を取得。上智大学文学部教授を経て、現在、上智大学神学部教授（専攻：キリスト教文学、キリスト教の霊性）。ノートルダム・ド・ヴィ会員。

〔著書〕『フランス文学の中の聖人像』（共著、国書刊行会、1998年）、『現代に活きるキリスト教教育』（共著、ドン・ボスコ社、2009年）、『ひかりをかかげて　永井隆――原爆の荒野から世界に「平和を」』（日本キリスト教団出版局、2015年）、『福音の喜び――人々の中へ、人々と共に』（編著、同、2016年）他。

〔論文〕「カルメルの霊性と現代」（『人間学紀要』第34号、2004年）、「宗教教育における『物語』の役割」（『カトリック教育研究』第26号、2009年）他。

川中　仁（かわなか・ひとし）

1962年東京都生まれ。上智大学神学部卒業、同大学院神学研究科修士課程修了。ドイツ・ザンクトゲオルゲン哲学–神学大学博士課程修了。神学博士（Dr. theol.）。現在、上智大学神学部教授（専攻：基礎神学、イエズス会の霊性）。

〔著書〕*„Comunicación“ Die trinitarisch-christozentrische Kommunikationsstruktur in den Geistlichen Übungen des Ignatius von Loyola* (Josef Knecht, 2005), *Zur größeren Ehre Gottes. Ignatius von Loyola neu entdeckt für die Theologie der Gegenwart*（共著、Herder, 2006),『史的イエスと「ナザレのイエス」』（共著、リトン、2010年）、『さまざまによむヨハネ福音書』（共著、同、2011年）、『女と男のドラマ――現代における愛の源泉』（共著、日本キリスト教団出版局、2013年）、『信とは何か――現代における〈いのち〉の泉』（共著、同、2014年）、『ルターにおける聖書と神学』（共著、リトン、2016年）他。

編著者紹介

具 正 謨（くう・ちょんも）

1963年韓国生まれ。上智大学神学部卒業、Jesuit School of Theology at Berkeley 修了。現在、上智大学神学部教授（専攻：秘跡神学、典礼神学）。イエズス会司祭。

〔著書〕돌아보면 매일이 축복입니다（2008年）、『典礼と秘跡のハンドブックⅠ』（教友社、2009年）、『典礼と秘跡のハンドブックⅡ』（同、2012年）、『典礼と秘跡のハンドブックⅢ』（同、2012年）、『論集――典礼と秘跡』（同、2012年）。

〔論文〕「2002年度版『ローマ・ミサ典礼書』と『総則』解説――ミサ典礼書の変遷に見られる典礼刷新の歩み」（『カトリック研究』76号、2007年）、「『エゲリアの巡礼記』に見られる四世紀後半のエルサレムの典礼」（同77号、2008年）他。

佐久間　勤（さくま・つとむ）

1952年兵庫県生まれ。在ローマ教皇立聖書研究所修士課程修了、教皇立グレゴリアン大学博士課程修了。現在、上智大学神学部教授（旧約聖書神学）。

〔著書〕『四季おりおりの聖書』（女子パウロ会、2001年）、『女と男のドラマ――現代における愛の源泉』（共著、日本キリスト教団出版局、2013年）、『文学における神の物語』（共著、リトン、2014年）、『愛――すべてに勝るもの』（共著、教友社、2015年）他。

〔訳書〕J. L. スカ『聖書の物語論的読み方』（共訳、日本キリスト教団出版局、2013年）他。

髙山　貞美（たかやま・さだみ）

1955年福井県生まれ。南山大学大学院文学研究科神学専攻修士課程修了、教皇立グレゴリアン大学神学部博士課程修了。現在、上智大学神学部教授（専攻：キリスト教人間学、諸宗教の神学）。

〔共著書〕『親鸞――浄土真宗の原点を知る』（「対談 島薗進（宗教学）×髙山貞美（神学）――親鸞、そのひらかれた可能性 外部からの問いかけ」河出書房新社、2011年）、『希望に照らされて――深き淵より』（共著、日本キリスト教団出版局、2015年）、『「知としての身体」を考える――上智式 教育イノベーション・モデル』（共著、学研マーケティング、2014年）。

〔論文〕「イエスの教えと歎異抄」（『キリスト教文化研究所紀要』第27号、2008年）、「遠藤周作と親鸞における『海』」（『カトリック研究』第80号、2011年）他。

竹内　修一（たけうち・おさむ）

1958年千葉県生まれ。上智大学哲学研究科修了、同大学神学部神学科卒業、Weston Jesuit School of Theology（STL：神学修士）、Jesuit School of Theology at Berkeley（STD：神学博士）。上智大学神学部教授（専攻：倫理神学［基礎倫理、いのちの倫理、性の倫理］）。

〔著書〕『風のなごり』（教友社、2004年）、『J. H. ニューマンの現代性を探る』（共著、南窓社、2005年）、『ことばの風景』（教友社、2007年）、『教会と学校での宗教教育再考』（共著、オリエンス宗教研究所、2009年）、『宗教的共生と科学』（共著、教友社、2014年）、『【徹底比較】仏教とキリスト教』（共著、大法輪閣、2016年）。

武田　なほみ（たけだ・なほみ）

1964年東京都生まれ。慶應義塾大学卒業、シアトル大学大学院修士課程、アイダホ大学大学院博士課程修了（専攻：成人発達心理学、生涯教育学）。上智大学大学院神学研究科博士前期課程修了（専攻：新約聖書学）。現在、上智大学神学部教授（専攻：キリスト教信仰と人間形成、司牧神学）。

〔著書〕『人を生かす神の知恵』（オリエンス宗教研究所、2016年）、『宗教的共生と科学』（共著、教友社、2014年）、『信とは何か――現代における〈いのち〉の泉』（共編、日本キリスト教団出版局、2014年）、『危機と霊性』（共編著、同、2011年）他。

神のいつくしみ――苦しみあわれむ愛
2016年上智大学神学部夏期神学講習会講演集

2017年3月24日　初版発行

編著者　片　山　は　る　ひ
　　　　髙　山　貞　美
発　行　日本キリスト教団出版局

〒169-0051　東京都新宿区西早稲田2の3の18
電話・営業03（3204）0422、編集03（3204）0424
http://bp-uccj.jp/

印刷・製本　三秀舎

ISBN978-4-8184-0966-8　C3016
日キ販
Printed in Japan